Urheber- und Verlagsrecht

Eine Sammlung
der einschlägigen Gesetze, Verordnungen und internationalen Übereinkommen für das literarische und künstlerische Urheberrecht sowie für das Verlagsrecht.

Mit Sachregister.

Herausgegeben von
Dr. Hans Kirchberger
Rechtsanwalt in Leipzig.

1911.
München und Berlin.
J. Schweitzer Verlag (Arthur Sellier).

Vorwort.

Das Ausführungsgesetz zur Revidierten Berner Übereinkunft vom 22. Mai 1910 hat die Gesetze über das literarische und künstlerische Urheberrecht und das Gesetz über das Verlagsrecht in wesentlichen Teilen geändert. Die Änderungen haben den Schutz der kinematographischen Wiedergabe und der Übertragung eines Werkes auf Instrumente, die der mechanischen Wiedergabe für das Gehör dienen, zum Gegenstand. Geschützt sind nunmehr auch choreographische und pantomimische Werke gleich einem Schriftwerk. Eigenartig und von großem Interesse ist der neugefaßte § 22 des Gesetzes über das literarische Urheberrecht; ob der dort normierte Kontrahierungszwang als Ausnahmebestimmung fortbestehen bleibt oder ob er den Anstoß zu einer grundsätzlichen Umgestaltung der Urheberrechtsgesetze bilden wird, ist freilich noch nicht abzusehen.

Diese kurz angedeuteten Änderungen der drei Hauptgesetze auf dem Gebiete des literarischen und künstlerischen Urheberrechts ließen es wünschenswert erscheinen, die abgeänderten Gesetze in ihrer jetzt geltenden Fassung zum Abdruck zu bringen. Die einschlägigen internationalen Abkommen, Ausführungsgesetze und Verordnungen sind der Gesetzessammlung aus Gründen der Vollständigkeit und Zweckmäßigkeit mit eingefügt worden.

Leipzig, im September 1911.

Der Herausgeber.

Inhaltsverzeichnis.

I. Hauptgesetze.

II. Internationale Abkommen.

III. Anhang.

I. Hauptgesetze.

Die fettgedruckten Gesetzesstellen beruhen auf dem Ausführungsgesetz vom 22. Mai 1910.

1. Gesetz betreffend das Urheberrecht an Werken der Literatur und der Tonkunst.

Vom 19. Juni 1901. (RGBl. 1901 S. 227.)

Wir Wilhelm, von Gottes Gnaden ꝛc., verordnen im Namen des Reichs, nach erfolgter Zustimmung des Bundesrats und des Reichstags, was folgt:

Erster Abschnitt.

Voraussetzungen des Schutzes.

§ 1.

Nach Maßgabe dieses Gesetzes werden geschützt:

1. die Urheber von Schriftwerken und solchen Vorträgen oder Reden, welche dem Zwecke der Erbauung, der Belehrung oder der Unterhaltung dienen;
2. die Urheber von Werken der Tonkunst;
3. die Urheber von solchen Abbildungen wissenschaftlicher oder technischer Art, welche nicht ihrem Hauptzwecke nach als Kunstwerke zu betrachten sind. Zu den Abbildungen gehören auch plastische Darstellungen.

Choreographische und pantomimische Werke werden auch dann wie Schriftwerke geschützt, wenn der Bühnenvorgang auf andere Weise als schriftlich festgelegt ist.

§ 2.

Urheber eines Werkes ist dessen Verfasser. Bei einer Übersetzung gilt der Übersetzer, bei einer sonstigen Bearbeitung der Bearbeiter als Urheber.

Wird ein Werk der Literatur oder der Tonkunst durch einen persönlichen Vortrag auf Vorrichtungen für Instrumente übertragen, die der mechanischen Wiedergabe für das Gehör dienen, so steht die auf diese Weise hergestellte Vorrichtung einer Bearbeitung des Werkes gleich. Das Gleiche gilt, wenn die Übertragung durch Lochen, Stanzen, Anordnung von Stiften oder eine ähnliche Tätigkeit geschieht und die Tätigkeit als eine künstlerische Leistung anzusehen ist. Im Falle des Satz 1 gilt der Vortragende, im Falle des Satz 2 derjenige, welcher die Übertragung bewirkt, als Bearbeiter.

§ 3.

Juristische Personen des öffentlichen Rechtes, die als Herausgeber ein Werk veröffentlichen, dessen Verfasser nicht auf dem Titelblatt, in der Zueignung, in der Vorrede oder am Schlusse genannt wird, werden, wenn nicht ein anderes vereinbart ist, als Urheber des Werkes angesehen.

§ 4.

Besteht ein Werk aus den getrennten Beiträgen mehrerer (Sammelwerk), so wird für das Werk als

Ganzes der Herausgeber als Urheber angesehen. Ist ein solcher nicht genannt, so gilt der Verleger als Herausgeber.

§ 5.

Wird ein Schriftwerk mit einem Werke der Tonkunst oder mit Abbildungen verbunden, so gilt für jedes dieser Werke dessen Verfasser auch nach der Verbindung als Urheber.

§ 6.

Haben mehrere ein Werk gemeinsam in der Weise verfaßt, daß ihre Arbeiten sich nicht trennen lassen, so besteht unter ihnen als Urhebern eine Gemeinschaft nach Bruchteilen im Sinne des Bürgerlichen Gesetzbuchs.

§ 7.

Enthält ein erschienenes Werk auf dem Titelblatt, in der Zueignung, in der Vorrede oder am Schlusse den Namen eines Verfassers, so wird vermutet, daß dieser der Urheber des Werkes sei. Ist das Werk durch Beiträge mehrerer gebildet, so genügt es, wenn der Name an der Spitze oder am Schlusse des Beitrags angegeben ist.

Bei Werken, die unter einem anderen als dem wahren Namen des Verfassers oder ohne den Namen eines Verfassers erschienen sind, ist der Herausgeber, falls aber ein solcher nicht angegeben ist, der Verleger berechtigt, die Rechte des Urhebers wahrzunehmen.

Bei Werken, die vor oder nach dem Erscheinen öffentlich aufgeführt oder vorgetragen sind, wird vermutet, daß derjenige der Urheber sei, welcher bei der Ankündigung der Aufführung oder des Vortrags als Verfasser bezeichnet worden ist.

§ 8.

Das Recht des Urhebers geht auf die Erben über.

Ist der Fiskus oder eine andere juristische Person gesetzlicher Erbe, so erlischt das Recht, soweit es dem Erblasser zusteht, mit dessen Tode.

Das Recht kann beschränkt oder unbeschränkt auf andere übertragen werden; die Übertragung kann auch mit der Begrenzung auf ein bestimmtes Gebiet geschehen.

§ 9.

Im Falle der Übertragung des Urheberrechts hat der Erwerber, soweit nicht ein anderes vereinbart ist, nicht das Recht, an dem Werke selbst, an dessen Titel und an der Bezeichnung des Urhebers Zusätze, Kürzungen oder sonstige Änderungen vorzunehmen.

Zulässig sind Änderungen, für die der Berechtigte seine Einwilligung nach Treu und Glauben nicht versagen kann.

§ 10.

Die Zwangsvollstreckung in das Recht des Urhebers oder in sein Werk findet gegen den Urheber selbst ohne dessen Einwilligung nicht statt; die Einwilligung kann nicht durch den gesetzlichen Vertreter erteilt werden. Gegen den Erben des Urhebers ist ohne seine Einwilligung die Zwangsvollstreckung nur zulässig, wenn das Werk erschienen ist.

Zweiter Abschnitt.

Befugnisse des Urhebers.

§ 11.

Der Urheber hat die ausschließliche Befugnis, das Werk zu vervielfältigen und gewerbsmäßig zu verbreiten; die ausschließliche Befugnis erstreckt sich nicht auf das Verleihen. Der Urheber ist ferner, solange nicht der wesentliche Inhalt des Werkes öffentlich mitgeteilt ist, ausschließlich zu einer solchen Mitteilung befugt.

Das Urheberrecht an einem Bühnenwerk oder an einem Werke der Tonkunst enthält auch die ausschließliche Befugnis, das Werk öffentlich aufzuführen.

Der Urheber eines Schriftwerkes oder eines Vortrags hat, solange nicht das Werk erschienen ist, die ausschließliche Befugnis, das Werk öffentlich vorzutragen.

§ 12.

Die ausschließlichen Befugnisse, die dem Urheber nach § 11 in Ansehung des Werkes selbst zustehen, erstrecken sich auch auf die Bearbeitungen des Werkes.

Die Befugnisse des Urhebers erstrecken sich insbesondere auf:

1. die Übersetzung in eine andere Sprache oder in eine andere Mundart derselben Sprache, auch wenn die Übersetzung in gebundener Form abgefaßt ist;
2. die Rückübersetzung in die Sprache des Originalwerkes;

3. die Wiedergabe einer Erzählung in dramatischer Form oder eines Bühnenwerkes in der Form einer Erzählung;
4. die Herstellung von Auszügen aus Werken der Tonkunst sowie von Einrichtungen solcher Werke für einzelne oder mehrere Instrumente oder Stimmen;
5. **die Übertragung des Werkes auf Vorrichtungen für Instrumente, die der mechanischen Wiedergabe für das Gehör dienen, insbesondere auf auswechselbare Scheiben, Platten, Walzen, Bänder und sonstige Zubehörstücke solcher Instrumente;**
6. **die Benutzung eines Schriftwerkes zu einer bildlichen Darstellung, welche das Originalwerk seinem Inhalt nach im Wege der Kinematographie oder eines ihr ähnlichen Verfahrens wiedergibt.**

§ 13.

Unbeschadet der ausschließlichen Befugnisse, die dem Urheber nach § 12 Abs. 2 zustehen, ist die freie Benutzung seines Werkes zulässig, wenn dadurch eine eigentümliche Schöpfung hervorgebracht wird.

Bei einem Werke der Tonkunst ist jede Benutzung unzulässig, durch welche eine Melodie erkennbar dem Werke entnommen und einer neuen Arbeit zu Grunde gelegt wird.

§ 14.

Im Falle der Übertragung des Urheberrechts verbleiben, soweit nicht ein anderes vereinbart ist, dem Urheber seine ausschließlichen Befugnisse:

1. für die Übersetzung eines Werkes in eine andere Sprache oder in eine andere Mundart;
2. für die Wiedergabe einer Erzählung in dramatischer Form oder eines Bühnenwerkes in der Form einer Erzählung;
3. für die Bearbeitung eines Werkes der Tonkunst, soweit sie nicht bloß ein Auszug oder eine Übertragung in eine andere Tonart oder Stimmlage ist;
4. **für die Benutzung des Werkes zum Zwecke der mechanischen Wiedergabe für das Gehör (§ 12 Abs. 2 Nr. 5);**
5. **für die Benutzung eines Schriftwerkes zum Zwecke der kinematographischen Wiedergabe (§ 12 Abs. 2 Nr. 6).**

§ 15.

Eine Vervielfältigung ohne Einwilligung des Berechtigten ist unzulässig, gleichviel durch welches Verfahren sie bewirkt wird; auch begründet es keinen Unterschied, ob das Werk in einem oder in mehreren Exemplaren vervielfältigt wird.

Eine Vervielfältigung zum persönlichen Gebrauch ist zulässig, wenn sie nicht den Zweck hat, aus dem Werke eine Einnahme zu erzielen.

§ 16.

Zulässig ist der Abdruck von Gesetzbüchern, Gesetzen, Verordnungen, amtlichen Erlassen und Entscheidungen sowie von anderen zum amtlichen Gebrauche hergestellten amtlichen Schriften.

§ 17.

Zulässig ist:

1. die Wiedergabe eines Vortrags oder einer Rede in Zeitungen oder Zeitschriften, sofern der Vortrag oder die Rede Bestandteil einer öffentlichen Verhandlung ist;
2. die Vervielfältigung von Vorträgen oder Reden, die bei den Verhandlungen der Gerichte, der politischen, kommunalen und kirchlichen Vertretungen gehalten werden.

   Die Vervielfältigung ist jedoch unzulässig, wenn sie in einer Sammlung erfolgt, die der Hauptsache nach Reden desselben Verfassers enthält.

§ 18.

Zulässig ist der Abdruck einzelner Artikel aus Zeitungen in anderen Zeitungen, soweit die Artikel nicht mit einem Vorbehalte der Rechte versehen sind; jedoch ist nur ein Abdruck gestattet, durch den der Sinn nicht entstellt wird. Bei dem Abdruck ist die Quelle deutlich anzugeben.

Der Abdruck von Ausarbeitungen wissenschaftlichen, technischen oder unterhaltenden Inhalts ist, auch wenn ein Vorbehalt der Rechte fehlt, unzulässig.

Vermischte Nachrichten tatsächlichen Inhalts und Tagesneuigkeiten dürfen aus Zeitungen oder Zeitschriften stets abgedruckt werden.

§ 19.

Zulässig ist die Vervielfältigung:

1. wenn einzelne Stellen oder kleinere Teile eines Schriftwerkes, eines Vortrags oder

einer Rede nach der Veröffentlichung in einer selbständigen literarischen Arbeit angeführt werden;

2. wenn einzelne Aufsätze von geringem Umfang oder einzelne Gedichte nach dem Erscheinen in eine selbständige wissenschaftliche Arbeit aufgenommen werden;

3. wenn einzelne Gedichte nach dem Erscheinen in eine Sammlung aufgenommen werden, die Werke einer größeren Zahl von Schriftstellern vereinigt und ihrer Beschaffenheit nach zur Benutzung bei Gesangsvorträgen bestimmt ist;

4. wenn einzelne Aufsätze von geringem Umfang, einzelne Gedichte oder kleinere Teile eines Schriftwerkes nach dem Erscheinen in eine Sammlung aufgenommen werden, die Werke einer größeren Zahl von Schriftstellern vereinigt und ihrer Beschaffenheit nach für den Kirchen-, Schul- oder Unterrichtsgebrauch oder zu einem eigentümlichen literarischen Zwecke bestimmt ist. Bei einer Sammlung zu einem eigentümlichen literarischen Zwecke bedarf es, solange der Urheber lebt, seiner persönlichen Einwilligung.

Die Einwilligung gilt als erteilt, wenn der Urheber nicht innerhalb eines Monats, nachdem ihm von der Absicht des Verfassers Mitteilung gemacht ist, Widerspruch erhebt.

§ 20.

Zulässig ist die Vervielfältigung, wenn kleinere Teile einer Dichtung oder Gedichte von geringem Umfange nach ihrem Erscheinen als Text zu einem neuen Werke der Tonkunst in Verbindung mit diesem wiedergegeben werden. Für eine Aufführung des Werkes darf die Dichtung auch allein wiedergegeben werden, sofern der Abdruck ausschließlich zum Gebrauche der Hörer bestimmt ist.

Unzulässig ist die Vervielfältigung von Dichtungen, die ihrer Gattung nach zur Komposition bestimmt sind.

Die Vorschriften des Abs. 1 finden keine Anwendung, soweit der Text in Verbindung mit der mechanischen Wiedergabe eines Werkes der Tonkunst (§ 12 Abs. 2 Nr. 5) vervielfältigt werden soll.

§ 21.

Zulässig ist die Vervielfältigung:

1. wenn einzelne Stellen eines bereits erschienenen Werkes der Tonkunst in einer selbständigen literarischen Arbeit angeführt werden;
2. wenn kleinere Kompositionen nach dem Erscheinen in eine selbständige wissenschaftliche Arbeit aufgenommen werden;
3. wenn kleinere Kompositionen nach dem Erscheinen in eine Sammlung aufgenommen werden, die Werke einer größeren Zahl von Komponisten vereinigt und ihrer Beschaffenheit nach für den Unterricht in Schulen mit Ausschluß der Musikschulen bestimmt ist.

§ 22.

Gestattet der Urheber eines Werkes der Tonkunst einem anderen, das Werk zum Zwecke der mechanischen Wiedergabe (§ 12 Abs. 2 Nr. 5) gewerbsmäßig zu vervielfältigen, so kann, nachdem das Werk erschienen ist, jeder Dritte, der im Inland eine gewerbliche Hauptniederlassung oder den Wohnsitz hat, verlangen, daß ihm der Urheber gegen eine angemessene Vergütung gleichfalls eine solche Erlaubnis erteile; für die Entstehung des Anspruchs begründet es keinen Unterschied, ob der Urheber dem anderen die Vervielfältigung mit oder ohne Übertragung der ausschließlichen Befugnis gestattet. Die Erlaubnis wirkt nur in bezug auf die Verbreitung im Inland und die Ausfuhr nach solchen Staaten, in denen der Urheber keinen Schutz gegen die mechanische Wiedergabe des Werkes genießt. Der Reichskanzler kann durch Bekanntmachung im Reichs-Gesetzblatt für das Verhältnis zu einem Staate, in dem er die Gegenseitigkeit für verbürgt erachtet, bestimmen, inwieweit ein Dritter, auch wenn er im Inland weder eine gewerbliche Niederlassung noch den Wohnsitz hat, die Erlaubnis verlangen darf und daß die Erlaubnis auch für die Ausfuhr nach jenem Staate wirkt.

Gehört als Text zu dem Werke der Tonkunst ein geschütztes Schriftwerk, dessen Urheber einem anderen gestattet hat, es zum Zwecke der mechanischen Wiedergabe gewerbsmäßig zu vervielfältigen, so finden die Vorschriften des Abs. 1 auch auf den Text Anwendung. An Stelle des

Urhebers des Textes ist jedoch der Urheber des Werkes der Tonkunst berechtigt und verpflichtet, die Erlaubnis zu erteilen; er hat, wenn er die Erlaubnis erteilt, dem Urheber des Textes einen angemessenen Teil der Vergütung auszuzahlen.

§ 22a.

Vorrichtungen, die auf Grund einer gemäß § 22 erteilten Erlaubnis hergestellt sind, dürfen mit der im § 22 Abs. 1 Satz 2 festgesetzten Beschränkung ohne eine weitere Erlaubnis zu öffentlichen Aufführungen benutzt werden. Hat der Urheber vor oder nach dem Inkrafttreten dieser Vorschrift die ausschließliche Befugnis zur Aufführung einem anderen übertragen, so hat er dem anderen einen angemessenen Teil der Vergütung auszuzahlen.

Die Vorschriften des Abs. 1 finden auch dann Anwendung, wenn der Urheber freiwillig einem anderen die Erlaubnis erteilt, das Werk zum Zwecke der mechanischen Wiedergabe zu vervielfältigen.

§ 22b.

Hat der Urheber die ausschließliche Befugnis zur mechanischen Wiedergabe einem anderen in beschränktem Umfang übertragen, so ist die im § 22 bestimmte Erlaubnis gleichwohl nur von ihm zu erteilen. Im Falle einer unbeschränkten Übertragung ist die Erlaubnis von dem Rechtsnachfolger zu erteilen.

§ 22c.

Für Klagen, durch die ein Anspruch auf Erteilung der Erlaubnis geltend gemacht wird, sind, sofern der Urheber im Inland keinen allgemeinen Gerichtsstand hat, die Gerichte der Stadt Leipzig zuständig.

Einstweilige Verfügungen können erlassen werden, auch wenn die in den §§ 935, 940 der Zivilprozeßordnung bezeichneten Voraussetzungen nicht zutreffen.

§ 23.

Zulässig ist die Vervielfältigung, wenn einem Schriftwerk ausschließlich zur Erläuterung des Inhalts einzelne Abbildungen aus einem erschienenen Werke beigefügt werden.

§ 24.

Auf Grund der §§ 19 bis 23 ist die Vervielfältigung eines fremden Werkes nur zulässig, wenn an den wiedergegebenen Teilen keine Änderung vorgenommen wird. Jedoch sind, soweit der Zweck der Wiedergabe es erfordert, Übersetzungen eines Schriftwerkes und solche Bearbeitungen eines Werkes der Tonkunst gestattet, die nur Auszüge oder Übertragungen in eine andere Tonart oder Stimmlage oder Einrichtungen für die im § 12 bezeichneten Instrumente darstellen. Werden einzelne Aufsätze, einzelne Gedichte oder kleinere Teile eines Schriftwerkes in eine Sammlung zum Schulgebrauch aufgenommen, so sind die für diesen Gebrauch erforderlichen Änderungen gestattet, jedoch bedarf es, solange der Urheber lebt, seiner persönlichen Einwilligung. Die Einwilligung gilt als erteilt, wenn der Urheber nicht innerhalb eines Monats, nachdem ihm von der beabsichtigten Änderung Mitteilung gemacht ist, Widerspruch erhebt.

§ 25.

Wer ein fremdes Werk nach Maßgabe der §§ 19 bis 23 benutzt, hat die Quelle deutlich anzugeben.

§ 26.

Soweit ein Werk nach den §§ 16 bis 21, 23, 24 ohne Einwilligung des Berechtigten vervielfältigt werden darf, ist auch die Verbreitung, die öffentliche Aufführung sowie der öffentliche Vortrag zulässig.

§ 27.

Für öffentliche Aufführungen eines erschienenen Werkes der Tonkunst bedarf es der Einwilligung des Berechtigten nicht, wenn sie keinem gewerblichen Zwecke dienen und die Hörer ohne Entgelt zugelassen werden. Im übrigen sind solche Aufführungen ohne Einwilligung des Berechtigten zulässig:

1. wenn sie bei Volksfesten, mit Ausnahme der Musikfeste, stattfinden;
2. wenn der Ertrag ausschließlich für wohltätige Zwecke bestimmt ist und die Mitwirkenden keine Vergütung für ihre Tätigkeit erhalten;
3. wenn sie von Vereinen veranstaltet werden und nur die Mitglieder sowie die zu ihrem

Hausstande gehörigen Personen als Hörer zugelassen werden.

Auf die bühnenmäßige Aufführung einer Oper oder eines sonstigen Werkes der Tonkunst, zu welchem ein Text gehört, finden diese Vorschriften keine Anwendung.

§ 28.

Zur Veranstaltung einer öffentlichen Aufführung ist, wenn mehrere Berechtigte vorhanden sind, die Einwilligung eines jeden erforderlich.

Bei einer Oper oder einem sonstigen Werke der Tonkunst, zu welchem ein Text gehört, bedarf der Veranstalter der Aufführung nur der Einwilligung desjenigen, welchem das Urheberrecht an dem musikalischen Teile zusteht.

Dritter Abschnitt.

Dauer des Schutzes.

§ 29.

Der Schutz des Urheberrechts endigt, wenn seit dem Tode des Urhebers dreißig Jahre und außerdem seit der ersten Veröffentlichung des Werkes zehn Jahre abgelaufen sind. Ist die Veröffentlichung bis zum Ablaufe von dreißig Jahren seit dem Tode des Urhebers nicht erfolgt, so wird vermutet, daß das Urheberrecht dem Eigentümer des Werkes zustehe.

§ 30.

Steht das Urheberrecht an einem Werke mehreren gemeinschaftlich zu, so bestimmt sich, soweit der Zeitpunkt des Todes für die Schutzfrist maßgebend ist, deren Ablauf nach dem Tode des Letztlebenden.

§ 31.

Ist der wahre Name des Urhebers nicht bei der ersten Veröffentlichung gemäß § 7 Abs. 1, 3 angegeben worden, so endigt der Schutz mit dem Ablaufe von dreißig Jahren seit der Veröffentlichung.

Wird der wahre Name des Urhebers binnen der dreißigjährigen Frist gemäß § 7 Abs. 1, 3 angegeben oder von dem Berechtigten zur Eintragung in die Eintragsrolle (§ 56) angemeldet, so finden die Vorschriften des § 29 Anwendung. Das Gleiche gilt, wenn das Werk erst nach dem Tode des Urhebers veröffentlicht wird.

§ 32.

Steht einer juristischen Person nach den §§ 3, 4 das Urheberrecht zu, so endigt der Schutz mit dem Ablaufe von dreißig Jahren seit der Veröffentlichung. Jedoch endigt der Schutz mit dem Ablaufe der im § 29 bestimmten Fristen, wenn das Werk erst nach dem Tode des Verfassers veröffentlicht wird.

§ 33.

Bei Werken, die aus mehreren in Zwischenräumen veröffentlichten Bänden bestehen, sowie bei fortlaufenden Berichten oder Heften wird jeder Band, jeder Bericht oder jedes Heft für die Berechnung der Schutzfristen als ein besonderes Werk angesehen.

Bei den in Lieferungen veröffentlichten Werken wird die Schutzfrist erst von der Veröffentlichung der letzten Lieferung an berechnet.

§ 34.

Die Schutzfristen beginnen mit dem Ablaufe des Kalenderjahrs, in welchem der Urheber gestorben oder das Werk veröffentlicht worden ist.

§ 35.

Soweit der in diesem Gesetze gewährte Schutz davon abhängt, ob ein Werk erschienen oder anderweit veröffentlicht oder ob der wesentliche Inhalt eines Werkes öffentlich mitgeteilt worden ist, kommt nur eine Veröffentlichung oder Mitteilung in Betracht, die der Berechtigte bewirkt hat.

Vierter Abschnitt.

Rechtsverletzungen.

§ 36.

Wer vorsätzlich oder fahrlässig unter Verletzung der ausschließlichen Befugnis des Urhebers ein Werk vervielfältigt, gewerbsmäßig verbreitet oder den wesentlichen Inhalt eines Werkes öffentlich mitteilt, ist dem Berechtigten zum Ersatze des daraus entstehenden Schadens verpflichtet.

§ 37.

Wer vorsätzlich oder fahrlässig unter Verletzung der ausschließlichen Befugnis des Urhebers ein Werk öffentlich aufführt oder öffentlich vorträgt, ist dem Berechtigten zum Ersatze des daraus entstehenden

Schadens verpflichtet. Die gleiche Verpflichtung trifft denjenigen, welcher vorsätzlich oder fahrlässig eine dramatische Bearbeitung, die nach § 12 unzulässig ist, öffentlich aufführt **oder eine bildliche Darstellung, die nach § 12 unzulässig ist, öffentlich vorführt.**

§ 38.

Mit Geldstrafe bis zu dreitausend Mark wird bestraft:

1. wer in anderen als den gesetzlich zugelassenen Fällen vorsätzlich ohne Einwilligung des Berechtigten ein Werk vervielfältigt oder gewerbsmäßig verbreitet;
2. wer in anderen als den gesetzlich zugelassenen Fällen vorsätzlich ohne Einwilligung des Berechtigten ein Bühnenwerk, ein Werk der Tonkunst oder eine dramatische Bearbeitung, die nach § 12 unzulässig ist, öffentlich aufführt **oder eine bildliche Darstellung, die nach § 12 unzulässig ist, öffentlich vorführt** oder ein Werk, bevor es erschienen ist, öffentlich vorträgt.

War die Einwilligung des Berechtigten nur deshalb erforderlich, weil an dem Werke selbst, an dessen Titel oder an der Bezeichnung des Urhebers Änderungen vorgekommen sind, so tritt Geldstrafe bis zu dreihundert Mark ein.

Soll eine nicht beizutreibende Geldstrafe in Gefängnisstrafe umgewandelt werden, so darf deren Dauer in den Fällen des Abs. 1 sechs Monate, in den Fällen des Abs. 2 einen Monat nicht übersteigen.

§ 39.

Wer den wesentlichen Inhalt eines Werkes, bevor der Inhalt öffentlich mitgeteilt ist, vorsätzlich ohne Einwilligung des Berechtigten öffentlich mitteilt, wird mit Geldstrafe bis zu eintausendfünfhundert Mark bestraft. Soll eine nicht beizutreibende Geldstrafe in Gefängnisstrafe umgewandelt werden, so darf deren Dauer drei Monate nicht übersteigen.

§ 40.

Auf Verlangen des Berechtigten kann neben der Strafe auf eine an ihn zu erlegende Buße bis zum Betrage von sechstausend Mark erkannt werden. Die zu dieser Buße Verurteilten haften als Gesamtschuldner.

Eine erkannte Buße schließt die Geltendmachung eines weiteren Anspruchs auf Schadensersatz aus.

§ 41.

Die in den §§ 36 bis 39 bezeichneten Handlungen sind auch dann rechtswidrig, wenn das Werk nur zu einem Teile vervielfältigt, verbreitet, öffentlich mitgeteilt, aufgeführt, **vorgeführt** oder vorgetragen wird.

§ 42.

Die widerrechtlich hergestellten oder verbreiteten Exemplare und die zur widerrechtlichen Vervielfältigung ausschließlich bestimmten Vorrichtungen, wie Formen, Platten, Steine, Stereotypen, unterliegen der Vernichtung. Ist nur ein Teil des Werkes widerrechtlich hergestellt oder verbreitet, so ist auf Vernichtung dieses Teiles und der entsprechenden Vorrichtungen zu erkennen.

Gegenstand der Vernichtung sind alle Exemplare und Vorrichtungen, welche sich im Eigentume der an der Herstellung oder der Verbreitung Beteiligten sowie der Erben dieser Personen befinden.

Auf die Vernichtung ist auch dann zu erkennen, wenn die Herstellung oder die Verbreitung weder vorsätzlich noch fahrlässig erfolgt. Das Gleiche gilt, wenn die Herstellung noch nicht vollendet ist.

Die Vernichtung hat zu erfolgen, nachdem dem Eigentümer gegenüber rechtskräftig darauf erkannt ist. Soweit die Exemplare oder die Vorrichtungen in anderer Weise als durch Vernichtung unschädlich gemacht werden können, hat dies zu geschehen, falls der Eigentümer die Kosten übernimmt.

§ 43.

Der Berechtigte kann statt der Vernichtung verlangen, daß ihm das Recht zuerkannt wird, die Exemplare und Vorrichtungen ganz oder teilweise gegen eine angemessene, höchstens dem Betrage der Herstellungskosten gleichkommende Vergütung zu übernehmen.

§ 44.

Wer den Vorschriften des § 18 Abs. 1 oder des § 25 zuwider unterläßt, die benutzte Quelle anzugeben, wird mit Geldstrafe bis zu einhundertfünfzig Mark bestraft.

§ 45.

Die Strafverfolgung in den Fällen der §§ 38, 39, 44, tritt nur auf Antrag ein. Die Zurücknahme des Antrags ist zulässig.

§ 46.

Die Vernichtung der widerrechtlich hergestellten oder verbreiteten Exemplare und der zur widerrechtlichen Vervielfältigung ausschließlich bestimmten Vorrichtungen kann im Wege des bürgerlichen Rechtsstreits oder im Strafverfahren verfolgt werden.

§ 47.

Auf die Vernichtung von Exemplaren oder Vorrichtungen kann auch im Strafverfahren nur auf besonderen Antrag des Berechtigten erkannt werden. Die Zurücknahme des Antrags ist bis zur erfolgten Vernichtung zulässig.

Der Berechtigte kann die Vernichtung von Exemplaren oder Vorrichtungen selbständig verfolgen. In diesem Falle finden die §§ 477 bis 479 der Strafprozeßordnung mit der Maßgabe Anwendung, daß der Berechtigte als Privatkläger auftreten kann.

§ 48.

Die §§ 46, 47 finden auf die Verfolgung des im § 43 bezeichneten Rechtes entsprechende Anwendung.

§ 49.

Für sämtliche Bundesstaaten sollen Sachverständigen-Kammern bestehen, die verpflichtet sind, auf Erfordern der Gerichte und der Staatsanwaltschaften Gutachten über die an sie gerichteten Fragen abzugeben.

Die Sachverständigen-Kammern sind befugt, auf Anrufen der Beteiligten über Schadensersatzansprüche, über die Vernichtung von Exemplaren oder Vorrichtungen sowie über die Zuerkennung des im § 43 bezeichneten Rechtes, **ferner in den Fällen des § 22 über den Anspruch auf Erteilung der Erlaubnis** als Schiedsrichter zu verhandeln und zu entscheiden.

Der Reichskanzler erläßt die Bestimmungen über die Zusammensetzung und den Geschäftsbetrieb der Sachverständigen-Kammern. [1])

Die einzelnen Mitglieder der Sachverständigen-Kammern sollen nicht ohne ihre Zustimmung und nicht ohne Genehmigung des Vorsitzenden von den Gerichten als Sachverständige vernommen werden.

§ 50.

Der Anspruch auf Schadensersatz und die Strafverfolgung wegen Nachdrucks verjähren in drei Jahren.

Die Verjährung beginnt mit dem Tage, an welchem die Verbreitung der Nachdruckexemplare zuerst stattgefunden hat.

§ 51.

Der Anspruch auf Schadensersatz und die Strafverfolgung wegen widerrechtlicher Verbreitung oder Aufführung sowie wegen widerrechtlichen Vortrags verjähren in drei Jahren. Das gleiche gilt in den Fällen der §§ 36, 39.

Die Verjährung beginnt mit dem Tage, an welchem die widerrechtliche Handlung zuletzt stattgefunden hat.

[1]) Abgedruckt unten Seite 131.

§ 52.

Der Antrag auf Vernichtung der widerrechtlich hergestellten oder verbreiteten Exemplare sowie der zur widerrechtlichen Vervielfältigung ausschließlich bestimmten Vorrichtungen ist solange zulässig, als solche Exemplare oder Vorrichtungen vorhanden sind.

§ 53.

Die Verjährung der nach dem § 44 strafbaren Handlung beginnt mit dem Tage, an welchem die erste Veröffentlichung stattgefunden hat.

Fünfter Abschnitt.

Schlußbestimmungen.

§ 54.

Den Schutz genießen die Reichsangehörigen für alle ihre Werke, gleichviel ob diese erschienen sind oder nicht.

§ 55.

Wer nicht Reichsangehöriger ist, genießt den Schutz für jedes seiner Werke, das im Inland erscheint, sofern er nicht das Werk selbst oder eine Übersetzung an einem früheren Tage im Auslande hat erscheinen lassen. **Für den im § 2 Abs. 2 bestimmten Schutz ist an Stelle des Erscheinens die Vervielfältigung der Vorrichtung maßgebend.**

Unter der gleichen Voraussetzung genießt er den Schutz für jedes seiner Werke, das er im Inland in einer Übersetzung erscheinen läßt; die Übersetzung gilt in diesem Falle als das Originalwerk.

§ 56.

Die Rolle für die im § 31 Abs. 2 vorgesehenen Eintragungen wird bei dem Stadtrate zu Leipzig geführt. Der Stadtrat bewirkt die Eintragungen, ohne die Berechtigung des Antragstellers oder die Richtigkeit der zur Eintragung angemeldeten Tatsachen zu prüfen.

Wird die Eintragung abgelehnt, so steht den Beteiligten die Beschwerde an den Reichskanzler zu.

§ 57.

Der Reichskanzler erläßt die Bestimmungen über die Führung der Eintragsrolle.[1] Die Einsicht der Eintragsrolle ist jedem gestattet. Aus der Rolle können Auszüge gefordert werden; die Auszüge sind auf Verlangen zu beglaubigen.

Die Eintragungen werden im Börsenblatte für den deutschen Buchhandel und, falls das Blatt zu erscheinen aufhören sollte, in einer anderen vom Reichskanzler zu bestimmenden Zeitung öffentlich bekannt gemacht.

§ 58.

Eingaben, Verhandlungen, Bescheinigungen und sonstige Schriftstücke, welche die Eintragung in die Eintragsrolle betreffen, sind stempelfrei.

Für jede Eintragung, für jeden Eintragsschein sowie für jeden sonstigen Auszug aus der Eintrags-

[1]) Abgedruckt unten Seite 127.

rolle wird eine Gebühr von 1.50 Mark erhoben; außerdem hat der Antragsteller die Kosten für die öffentliche Bekanntmachung der Eintragung zu entrichten.

§ 59.

In bürgerlichen Rechtsstreitigkeiten, in welchen durch Klage oder Widerklage ein Anspruch auf Grund der Vorschriften dieses Gesetzes geltend gemacht ist, wird die Verhandlung und Entscheidung letzter Instanz im Sinne des § 8 des Einführungsgesetzes zum Gerichtsverfassungsgesetze dem Reichsgerichte zugewiesen.

§ 60.

Einem nachgelassenen Werke, das bei dem Inkrafttreten dieses Gesetzes noch nicht veröffentlicht ist, wird die im § 29 vorgesehene Schutzfrist auch dann zu Teil, wenn die bisherige Schutzfrist bereits abgelaufen ist.

§ 61.

Der durch dieses Gesetz gewährte Schutz gegen Aufführung kann nach dessen Inkrafttreten einem Werke der Tonkunst, für welches das Aufführungsrecht bis dahin nicht vorbehalten war, dadurch gesichert werden, daß das Werk nachträglich mit dem Vorbehalte versehen wird. Jedoch ist die Aufführung eines solchen Werkes auch ferner ohne Einwilligung des Urhebers zulässig, sofern nicht bei der Aufführung Noten benutzt werden, die mit dem Vorbehalte versehen sind.

Die ausschließliche Befugnis zur öffentlichen Aufführung eines nach diesen Vorschriften geschützten Werkes steht dem Urheber zu.

§ 62.

Die ausschließlichen Befugnisse des Urhebers eines geschützten Werkes bestimmen sich nach den Vorschriften dieses Gesetzes, auch wenn das Werk vor dessen Inkrafttreten entstanden ist. War jedoch eine Übersetzung oder sonstige Bearbeitung oder eine Sammlung, welche aus den Werken mehrerer Schriftsteller zum Schulgebrauche veranstaltet ist, vor dem Inkrafttreten dieses Gesetzes erlaubterweise ganz oder zum Teil erschienen, so bleibt die Befugnis des Bearbeiters zur Vervielfältigung, Verbreitung und öffentlichen Aufführung unberührt.

§ 63.

Soweit eine Vervielfältigung, die nach dem Inkrafttreten des Gesetzes unzulässig ist, bisher erlaubt war, darf der bereits begonnene Druck von Exemplaren vollendet werden. Die vorhandenen Vorrichtungen, wie Formen, Platten, Steine, Stereotypen, dürfen noch bis zum Ablaufe von sechs Monaten benutzt werden. Die Verbreitung der gemäß dieser Vorschriften hergestellten sowie der bereits vor dem Inkraftreten dieses Gesetzes vollendeten Exemplare ist zulässig.

§ 63a.

Die Vorschrift des § 12 Abs. 2 Nr. 5 findet keine Anwendung auf Werke der Tonkunst, die

bereits vor dem 1. Mai 1909 im Inland erlaubterweise für Vorrichtungen zur mechanischen Wiedergabe benutzt worden sind. Im übrigen finden die Vorschriften des § 63 entsprechende Anwendung; Exemplare, deren Verbreitung hiernach zulässig ist, dürfen auch zu öffentlichen Aufführungen benutzt werden.

Auf Werke der Literatur und der Tonkunst, die vor dem Inkrafttreten der Vorschriften des § 22 entstanden sind, finden diese auch insoweit Anwendung, als die Werke schon bisher einen Schutz gegen mechanische Wiedergabe genossen. Soweit jedoch dem Urheber bisher eine ausschließliche Befugnis zustand, das Werk zur mechanischen Wiedergabe zu benutzen, bleibt, wenn er die Befugnis einem anderen übertragen hat, dieser sowohl dem Urheber als Dritten gegenüber gemäß den bisherigen Vorschriften zu der Benutzung befugt. Auch wird in solchen Fällen, wenn der Urheber auf Grund des bisherigen Rechtes einem anderen ohne Übertragung der ausschließlichen Befugnis gestattet hat, das geschützte Werk zur mechanischen Wiedergabe zu benutzen, hierdurch für Dritte nicht der Anspruch begründet, daß ihnen gleichfalls eine solche Erlaubnis erteilt werde.

§ 64.

Dieses Gesetz tritt mit dem 1. Januar 1902 in Kraft. Die §§ 1 bis 56, 61, 62 des Gesetzes, betreffend das Urheberrecht an Schriftwerken u. s. w., vom 11. Juni 1870 (Bundes-Gesetzbl. S. 339) treten mit demselben Tage außer Kraft.[1]) Jedoch bleiben

[1]) Die nicht aufgehobenen §§ 57, 58, 59 und 60 des Gesetzes vom 11. Juni 1870 lauten:

§ 57.

Das gegenwärtige Gesetz tritt mit dem 1. Januar 1871 in Kraft. Alle früheren, in den einzelnen Staaten des Norddeutschen Bundes geltenden, rechtlichen Bestimmungen in Beziehung auf das Urheberrecht an Schriftwerken, Abbildungen, musikalischen Kompositionen und dramatischen Werken treten von demselben Tage ab außer Wirksamkeit.

§ 58.

Das gegenwärtige Gesetz findet auf alle vor dem Inkrafttreten desselben erschienenen Schriftwerke, Abbildungen, musikalischen Kompositionen und dramatischen Werke Anwendung, selbst wenn dieselben nach den bisherigen Landesgesetzgebungen keinen Schutz gegen Nachdruck, Nachbildung oder öffentliche Aufführung genossen haben.

Die bei dem Inkrafttreten dieses Gesetzes vorhandenen Exemplare, deren Herstellung nach der bisherigen Gesetzgebung gestattet war, sollen auch fernerhin verbreitet werden dürfen, selbst wenn ihre Herstellung nach dem gegenwärtigen Gesetze untersagt ist.

Ebenso sollen die bei dem Inkrafttreten dieses Gesetzes vorhandenen, bisher rechtmäßig angefertigten Vorrichtungen, wie Formen, Platten, Steine, Sterotypabgüsse u. s. w., auch fernerhin zur Anfertigung von Exemplaren benutzt werden dürfen.

Auch dürfen die beim Inkrafttreten des Gesetzes bereits begonnenen, bisher gestatteten Vervielfältigungen noch vollendet werden.

Die Regierungen der Staaten des Norddeutschen Bundes werden ein Inventarium über die Vorrichtungen, deren fernere Benutzung hiernach gestattet ist, amtlich aufstellen und diese Vorrichtungen mit einem gleichförmigen Stempel bedrucken lassen. Ebenso sollen alle Exemplare von Schriftwerken, welche nach Maßgabe dieses Paragraphen auch fernerhin verbreitet werden dürfen, mit einem Stempel versehen werden.

diese Vorschriften insoweit unberührt, als sie in den Reichsgesetzen über den Schutz von Werken der

Nach Ablauf der für die Legalisierung angegebenen Frist unterliegen alle mit dem Stempel nicht versehenen Vorrichtungen und Exemplare der bezeichneten Werke, auf Antrag des Verletzten, der Einziehung. Die nähere Instruktion über das bei der Aufstellung des Inventariums und bei der Stempelung zu beobachtende Verfahren wird vom Bundeskanzler-Amt erlassen.

§ 59.

Insofern nach den bisherigen Landesgesetzgebungen für den Vorbehalt des Übersetzungsrechts andere Förmlichkeiten und für das Erscheinen der ersten Übersetzung andere Fristen als im § 6 lit. c vorgeschrieben sind, hat es bei denselben in Betreff derjenigen Werke, welche vor dem Inkrafttreten des gegenwärtigen Gesetzes bereits erschienen sind, sein Bewenden.

§ 60.

Die Erteilung von Privilegien zum Schutze des Urheberrechts ist nicht mehr zulässig.

Dem Inhaber eines vor dem Inkrafttreten des gegenwärtigen Gesetzes von dem Deutschen Bunde oder den Regierungen einzelner, jetzt zum Norddeutschen Bunde gehörigen Staaten erteilten Privilegiums steht es frei, ob er von diesem Privilegium Gebrauch machen oder den Schutz des gegenwärtigen Gesetzes anrufen will.

Der Privilegienschutz kann indes nur für den Umfang derjenigen Staaten geltend gemacht werden, von welchen derselbe erteilt worden ist.

Die Berufung auf den Privilegienschutz ist dadurch bedingt, daß das Privilegium entweder ganz oder dem wesentlichen Inhalte nach dem Werke vorgedruckt oder auf oder hinter dem Titelblatt desselben bemerkt ist. Wo dieses nach der Natur des Gegenstandes nicht stattfinden kann, oder bisher nicht gechehen ist, muß das Privilegium, bei Vermeidung des Erlöschens, binnen drei Monaten nach dem Inkrafttreten dieses Gesetzes zur Eintragung in die Eintragsrolle angemeldet und von dem Kuratorium derselben öffentlich bekannt gemacht werden.

bildenden Künste, von Photographien sowie von Mustern und Modellen für anwendbar erklärt werden.

Urkundlich unter Unserer Höchsteigenhändigen Unterschrift und beigedrucktem Kaiserlichen Insiegel.

Gegeben an Bord M. Y. „Hohenzollern“, Cuxhaven, den 19. Juni 1901.

(L. S.) **Wilhelm.**

Graf von Bülow.

2. Gesetz über das Verlagsrecht.

Vom 19. Juni 1901. (RGBl. 1901 S. 217.)

Wir Wilhelm, von Gottes Gnaden Deutscher Kaiser, König von Preußen ꝛc.
verordnen im Namen des Reichs, nach erfolgter Zustimmung des Bundesrats und des Reichstags, was folgt:

§ 1.

Durch den Verlagsvertrag über ein Werk der Literatur oder der Tonkunst wird der Verfasser verpflichtet, dem Verleger das Werk zur Vervielfältigung und Verbreitung für eigene Rechnung zu überlassen. Der Verleger ist verpflichtet, das Werk zu vervielfältigen und zu verbreiten.

§ 2.

Der Verfasser hat sich während der Dauer des Vertragsverhältnisses jeder Vervielfältigung und Verbreitung des Werkes zu enthalten, die einem Dritten während der Dauer des Urheberrechts untersagt ist.

Dem Verfasser verbleibt jedoch die Befugnis zur Vervielfältigung und Verbreitung:

1. für die Übersetzung in eine andere Sprache oder in eine andere Mundart;
2. für die Wiedergabe einer Erzählung in dramatischer Form oder eines Bühnenwerkes in der Form einer Erzählung;
3. für die Bearbeitung eines Werkes der Tonkunst, soweit sie nicht bloß ein Auszug oder eine Übertragung in eine andere Tonart oder Stimmlage ist;
4. **für die Benutzung des Werkes zum Zwecke der mechanischen Wiedergabe für das Gehör;**
5. **für die Benutzung eines Schriftwerkes oder einer Abbildung zu einer bildlichen Darstellung, welche das Originalwerk seinem Inhalt nach im Wege der Kinematographie oder eines ihr ähnlichen Verfahrens wiedergibt.**

Auch ist der Verfasser zur Vervielfältigung und Verbreitung in einer Gesamtausgabe befugt, wenn seit dem Ablaufe des Kalenderjahrs, in welchem das Werk erschienen ist, zwanzig Jahre verstrichen sind.

§ 3.

Beiträge zu einem Sammelwerke, für die dem Verfasser ein Anspruch auf Vergütung nicht zusteht, dürfen von ihm anderweit verwertet werden, wenn seit dem Ablaufe des Kalenderjahrs, in welchem sie erschienen sind, ein Jahr verstrichen ist.

§ 4.

Der Verleger ist nicht berechtigt, ein Einzelwerk für eine Gesamtausgabe oder ein Sammelwerk sowie

Teile einer Gesamtausgabe oder eines Sammelwerkes für eine Sonderausgabe zu verwerten. Soweit jedoch eine solche Verwertung auch während der Dauer des Urheberrechts einem jeden freisteht, bleibt sie dem Verleger gleichfalls gestattet.

§ 5.

Der Verleger ist nur zu einer Auflage berechtigt. Ist ihm das Recht zur Veranstaltung mehrerer Auflagen eingeräumt, so gelten im Zweifel für jede neue Auflage die gleichen Abreden wie für die vorhergehende.

Ist die Zahl der Abzüge nicht bestimmt, so ist der Verleger berechtigt tausend Abzüge herzustellen. Hat der Verleger durch eine vor dem Beginne der Vervielfältigung dem Verfasser gegenüber abgegebene Erklärung die Zahl der Abzüge niedriger bestimmt, so ist er nur berechtigt die Auflage in der angegebenen Höhe herzustellen.

§ 6.

Die üblichen Zuschußexemplare werden in die Zahl der zulässigen Abzüge nicht eingerechnet. Das Gleiche gilt von Freiexemplaren, soweit ihre Zahl den zwanzigsten Teil der zulässigen Abzüge nicht übersteigt.

Zuschußexemplare, die nicht zum Ersatz oder zur Ergänzung beschädigter Abzüge verwendet worden sind, dürfen von dem Verleger nicht verbreitet werden.

§ 7.

Gehen Abzüge unter, die der Verleger auf Lager hat, so darf er sie durch andere ersetzen; er hat vorher dem Verfasser Anzeige zu machen.

§ 8.

In dem Umfang, in welchem der Verfasser nach den §§ 2 bis 7 verpflichtet ist, sich der Vervielfältigung und Verbreitung zu enthalten und sie dem Verleger zu gestatten, hat er, soweit nicht aus dem Vertrage sich ein anderes ergibt, dem Verleger das ausschließliche Recht zur Vervielfältigung und Verbreitung (Verlagsrecht) zu verschaffen.

§ 9.

Das Verlagsrecht entsteht mit der Ablieferung des Werkes an den Verleger und erlischt mit der Beendigung des Vertragsverhältnisses.

Soweit der Schutz des Verlagsrechts es erfordert, kann der Verleger gegen den Verfasser sowie gegen Dritte die Befugnisse ausüben, die zum Schutze des Urheberrechts durch das Gesetz vorgesehen sind.

§ 10.

Der Verfasser ist verpflichtet, dem Verleger das Werk in einem für die Vervielfältigung geeigneten Zustand abzuliefern.

§ 11.

Ist der Verlagsvertrag über ein bereits vollendetes Werk geschlossen, so ist das Werk sofort abzuliefern.

Soll das Werk erst nach dem Abschlusse des Verlagsvertrags hergestellt werden, so richtet sich die Frist der Ablieferung nach dem Zwecke, welchem das Werk dienen soll. Soweit sich hieraus nichts ergibt, richtet sich die Frist nach dem Zeitraum, innerhalb dessen der Verfasser das Werk bei einer seinen Verhältnissen entsprechenden Arbeitsleistung herstellen kann; eine anderweitige Tätigkeit des Verfassers bleibt bei der Bemessung der Frist nur dann außer Betracht, wenn der Verleger die Tätigkeit bei dem Abschlusse des Vertrags weder kannte noch kennen mußte.

§ 12.

Bis zur Beendigung der Vervielfältigung darf der Verfasser Änderungen an dem Werke vornehmen. Vor der Veranstaltung einer neuen Auflage hat der Verleger dem Verfasser zur Vornahme von Änderungen Gelegenheit zu geben. Änderungen sind nur insoweit zulässig, als nicht durch sie ein berechtigtes Interesse des Verlegers verletzt wird.

Der Verfasser darf die Änderungen durch einen Dritten vornehmen lassen.

Nimmt der Verfasser nach dem Beginne der Vervielfältigung Änderungen vor, welche das übliche Maß übersteigen, so ist er verpflichtet, die hieraus entstehenden Kosten zu ersetzen; die Ersatzpflicht liegt ihm nicht ob, wenn Umstände, die inzwischen eingetreten sind, die Änderung rechtfertigen.

§ 13.

Der Verleger darf an dem Werke selbst, an dessen Titel und an der Bezeichnung des Urhebers Zusätze, Kürzungen oder sonstige Änderungen nicht vornehmen.

Zulässig sind Änderungen, für die der Verfasser seine Einwilligung nach Treu und Glauben nicht versagen kann.

§ 14.

Der Verleger ist verpflichtet, das Werk in der zweckentsprechenden und üblichen Weise zu vervielfältigen und zu verbreiten. Die Form und Ausstattung der Abzüge wird unter Beobachtung der im Verlagshandel herrschenden Übung sowie mit Rücksicht auf Zweck und Inhalt des Werkes von dem Verleger bestimmt.

§ 15.

Der Verleger hat mit der Vervielfältigung zu beginnen, sobald ihm das vollständige Werk zugegangen ist. Erscheint das Werk in Abteilungen, so ist mit der Vervielfältigung zu beginnen, sobald der Verfasser eine Abteilung abgeliefert hat, die nach ordnungmäßiger Folge zur Herausgabe bestimmt ist.

§ 16.

Der Verleger ist verpflichtet, diejenige Zahl von Abzügen herzustellen, welche er nach dem Vertrag oder gemäß dem § 5 herzustellen berechtigt ist. Er hat rechtzeitig dafür zu sorgen, daß der Bestand nicht vergriffen wird.

§ 17.

Ein Verleger, der das Recht hat, eine neue Auflage zu veranstalten, ist nicht verpflichtet, von diesem Rechte Gebrauch zu machen. Zur Ausübung des Rechtes kann ihm der Verfasser eine angemessene Frist bestimmen. Nach dem Ablaufe der Frist ist der Verfasser berechtigt, von dem Vertrage zurückzutreten, wenn nicht die Veranstaltung rechtzeitig erfolgt ist. Der Bestimmung einer Frist bedarf es nicht, wenn die Veranstaltung von dem Verleger verweigert wird.

§ 18.

Fällt der Zweck, welchem das Werk dienen sollte, nach dem Abschlusse des Vertrags weg, so kann der Verleger das Vertragsverhältnis kündigen; der Anspruch des Verfassers auf die Vergütung bleibt unberührt.

Das Gleiche gilt, wenn Gegenstand des Verlagsvertrags ein Beitrag zu einem Sammelwerk ist und die Vervielfältigung des Sammelwerkes unterbleibt.

§ 19.

Werden von einem Sammelwerke neue Abzüge hergestellt, so ist der Verleger im Einverständnisse mit dem Herausgeber berechtigt, einzelne Beiträge wegzulassen.

§ 20.

Der Verleger hat für die Korrektur zu sorgen. Einen Abzug hat er rechtzeitig dem Verfasser zur Durchsicht vorzulegen.

Der Abzug gilt als genehmigt, wenn der Verfasser ihn nicht binnen einer angemessenen Frist dem Verleger gegenüber beanstandet.

§ 21.

Die Bestimmung des Ladenpreises, zu welchem das Werk verbreitet wird, steht für jede Auflage dem Verleger zu. Er darf den Ladenpreis ermäßigen, soweit nicht berechtigte Interessen des Verfassers verletzt werden. Zur Erhöhung dieses Preises bedarf es stets der Zustimmung des Verfassers.

§ 22.

Der Verleger ist verpflichtet, dem Verfasser die vereinbarte Vergütung zu zahlen. Eine Vergütung gilt als stillschweigend vereinbart, wenn die Überlassung des Werkes den Umständen nach nur gegen eine Vergütung zu erwarten ist.

Ist die Höhe der Vergütung nicht bestimmt, so ist eine angemessene Vergütung in Geld als vereinbart anzusehen.

§ 23.

Die Vergütung ist bei der Ablieferung des Werkes zu entrichten. Ist die Höhe der Vergütung unbestimmt oder hängt sie von dem Umfange der Vervielfältigung, insbesondere von der Zahl der Druckbogen, ab, so wird die Vergütung fällig, sobald das Werk vervielfältigt ist.

§ 24.

Bestimmt sich die Vergütung nach dem Absatze, so hat der Verleger jährlich dem Verfasser für das vorangegangene Geschäftsjahr Rechnung zu legen und ihm, soweit es für die Prüfung erforderlich ist, die Einsicht seiner Geschäftsbücher zu gestatten.

§ 25.

Der Verleger eines Werkes der Literatur ist verpflichtet, dem Verfasser auf je hundert Abzüge ein

Freiexemplar, jedoch im Ganzen nicht weniger als fünf und nicht mehr als fünfzehn zu liefern. Auch hat er dem Verfasser auf dessen Verlangen ein Exemplar in Aushängebogen zu überlassen.

Der Verleger eines Werkes der Tonkunst ist verpflichtet, dem Verfasser die übliche Zahl von Freiexemplaren zu liefern.

Von Beiträgen, die in Sammelwerken erscheinen, dürfen Sonderabzüge als Freiexemplare geliefert werden.

§ 26.

Der Verleger hat die zu seiner Verfügung stehenden Abzüge des Werkes zu dem niedrigsten Preise, für welchen er das Werk im Betriebe seines Verlagsgeschäfts abgibt, dem Verfasser, soweit dieser es verlangt, zu überlassen.

§ 27.

Der Verleger ist verpflichtet, das Werk, nachdem es vervielfältigt worden ist, zurückzugeben, sofern der Verfasser sich vor dem Beginne der Vervielfältigung die Rückgabe vorbehalten hat.

§ 28.

Die Rechte des Verlegers sind übertragbar, soweit nicht die Übertragung durch Vereinbarung zwischen dem Verfasser und dem Verleger ausgeschlossen ist. Der Verleger kann jedoch durch einen Vertrag, der nur über einzelne Werke geschlossen wird, seine Rechte nicht ohne Zustimmung des Verfassers übertragen. Die Zustimmung kann nur verweigert werden, wenn ein wichtiger Grund vorliegt.

Fordert der Verleger den Verfasser zur Erklärung über die Zustimmung auf, so gilt diese als erteilt, wenn nicht die Verweigerung von dem Verfasser binnen zwei Monaten nach dem Empfange der Aufforderung dem Verleger gegenüber erklärt wird.

Die dem Verleger obliegende Vervielfältigung und Verbreitung kann auch durch den Rechtsnachfolger bewirkt werden. Übernimmt der Rechtsnachfolger dem Verleger gegenüber die Verpflichtung, das Werk zu vervielfältigen und zu verbreiten, so haftet er dem Verfasser für die Erfüllung der aus dem Verlagsvertrage sich ergebenden Verbindlichkeiten neben dem Verleger als Gesamtschuldner. Die Haftung erstreckt sich nicht auf eine bereits begründete Verpflichtung zum Schadensersatze.

§ 29.

Ist der Verlagsvertrag auf eine bestimmte Zahl von Auflagen oder von Abzügen beschränkt, so endigt das Vertragsverhältnis, wenn die Auflagen oder Abzüge vergriffen sind.

Der Verleger ist verpflichtet, dem Verfasser auf Verlangen Auskunft darüber zu erteilen, ob die einzelne Auflage oder die bestimmte Zahl von Abzügen vergriffen ist.

Wird der Verlagsvertrag für eine bestimmte Zeit geschlossen, so ist nach dem Ablaufe der Zeit der Verleger nicht mehr zur Verbreitung der noch vorhandenen Abzüge berechtigt.

§ 30.

Wird das Werk ganz oder zum Teil nicht rechtzeitig abgeliefert, so kann der Verleger, statt den

Anspruch auf Erfüllung geltend zu machen, dem Verfasser eine angemessene Frist zur Ablieferung mit der Erklärung bestimmen, daß er die Annahme der Leistung nach dem Ablaufe der Frist ablehne. Zeigt sich schon vor dem Zeitpunkt, in welchem das Werk nach dem Vertrag abzuliefern ist, daß das Werk nicht rechtzeitig abgeliefert werden wird, so kann der Verleger die Frist sofort bestimmen; die Frist muß so bemessen werden, daß sie nicht vor dem bezeichneten Zeitpunkt abläuft. Nach dem Ablaufe der Frist ist der Verleger berechtigt von dem Vertrage zurückzutreten, wenn nicht das Werk rechtzeitig abgeliefert worden ist; der Anspruch auf Ablieferung des Werkes ist ausgeschlossen.

Der Bestimmung einer Frist bedarf es nicht, wenn die rechtzeitige Herstellung des Werkes unmöglich ist oder von dem Verfasser verweigert wird oder wenn der sofortige Rücktritt von dem Vertrage durch ein besonderes Interesse des Verlegers gerechtfertigt wird.

Der Rücktritt ist ausgeschlossen, wenn die nicht rechtzeitige Ablieferung des Werkes für den Verleger nur einen unerheblichen Nachteil mit sich bringt.

Durch diese Vorschriften werden die im Falle des Verzugs des Verfassers dem Verleger zustehenden Rechte nicht berührt.

§ 31.

Die Vorschriften des § 30 finden entsprechende Anwendung, wenn das Werk nicht von vertragsmäßiger Beschaffenheit ist.

Beruht der Mangel auf einem Umstande, den

der Verfasser zu vertreten hat, so kann der Verleger statt des im § 30 vorgesehenen Rücktrittsrechts den Anspruch auf Schadensersatz wegen Nichterfüllung geltend machen.

§ 32.

Wird das Werk nicht vertragsmäßig vervielfältigt oder verbreitet, so finden zu Gunsten des Verfassers die Vorschriften des § 30 entsprechende Anwendung.

§ 33.

Geht das Werk nach der Ablieferung an den Verleger durch Zufall unter, so behält der Verfasser den Anspruch anf die Vergütung. Im übrigen werden beide Teile von der Verpflichtung zur Leistung frei.

Auf Verlangen des Verlegers hat jedoch der Verfasser gegen eine angemessene Vergütung ein anderes im wesentlichen übereinstimmendes Werk zu liefern, sofern dies auf Grund vorhandener Vorarbeiten oder sonstiger Unterlagen mit geringer Mühe geschehen kann; erbietet sich der Verfasser, ein solches Werk innerhalb einer angemessenen Frist kostenfrei zu liefern, so ist der Verleger verpflichtet, das Werk an Stelle des untergegangenen zu vervielfältigen und zu verbreiten. Jeder Teil kann diese Rechte auch geltend machen, wenn das Werk nach der Ablieferung in Folge eines Umstandes untergegangen ist, den der andere Teil zu vertreten hat.

Der Ablieferung steht es gleich, wenn der Verleger in Verzug der Annahme kommt.

§ 34.

Stirbt der Verfasser vor der Vollendung des Werkes, so ist, wenn ein Teil des Werkes dem Verleger bereits abgeliefert worden war, der Verleger berechtigt, in Ansehung des gelieferten Teiles den Vertrag durch eine dem Erben des Verfassers gegenüber abzugebende Erklärung aufrechtzuerhalten.

Der Erbe kann dem Verleger zur Ausübung des im Abs. 1 bezeichneten Rechtes eine angemessene Frist bestimmen. Das Recht erlischt, wenn sich der Verleger nicht vor dem Ablaufe der Frist für die Aufrechterhaltung des Vertrags erklärt.

Diese Vorschriften finden entsprechende Anwendung, wenn die Vollendung des Werkes in Folge eines sonstigen nicht von dem Verfasser zu vertretenden Umstandes unmöglich wird.

§ 35.

Bis zum Beginne der Vervielfältigung ist der Verfasser berechtigt, von dem Verlagsvertrage zurückzutreten, wenn sich Umstände ergeben, die bei dem Abschluße des Vertrags nicht vorauszusehen waren und den Verfasser bei Kenntnis der Sachlage und verständiger Würdigung des Falles von der Herausgabe des Werkes zurückgehalten haben würden. Ist der Verleger befugt, eine neue Auflage zu veranstalten, so findet für die Auflage diese Vorschrift entsprechende Anwendung.

Erklärt der Verfasser auf Grund der Vorschrift des Abs. 1 den Rücktritt, so ist er dem Verleger zum Ersatze der von diesem gemachten Aufwendungen verpflichtet. Gibt er innerhalb eines Jahrens seit dem Rücktritte das Werk anderweit heraus, so ist er zum Schadensersatze wegen Nichterfüllung verpflichtet; diese Ersatzpflicht tritt nicht ein, wenn der

Verfasser dem Verleger den Antrag, den Vertrag nachträglich zur Ausführung zu bringen, gemacht und der Verleger den Antrag nicht angenommen hat.

§ 36.

Wird über das Vermögen des Verlegers der Konkurs eröffnet, so finden die Vorschriften des § 17 der Konkursordnung auch dann Anwendung, wenn das Werk bereits vor der Eröffnung des Verfahrens abgeliefert worden war.

Besteht der Konkursverwalter auf der Erfüllung des Vertrags, so tritt, wenn er die Rechte des Verlegers auf einen anderen überträgt, dieser an Stelle der Konkursmasse in die sich aus dem Vertragsverhältnis ergebenden Verpflichtungen ein. Die Konkursmasse haftet jedoch, wenn der Erwerber die Verpflichtungen nicht erfüllt, für den von dem Erwerber zu ersetzenden Schaden wie ein Bürge, der auf die Einrede der Vorausklage verzichtet hat. Wird das Konkursverfahren aufgehoben, so sind die aus dieser Haftung sich ergebenden Ansprüche des Verfassers gegen die Masse sicher zu stellen.

War zur Zeit der Eröffnung des Verfahrens mit der Vervielfältigung noch nicht begonnen, so kann der Verfasser von dem Vertrage zurücktreten.

§ 37.

Auf das in den §§ 17, 30, 35, 36 bestimmte Rücktrittsrecht finden die für das vertragsmäßige Rücktrittsrecht geltenden Vorschriften der §§ 346 bis 356 des Bürgerlichen Gesetzbuchs entsprechende Anwendung. Erfolgt der Rücktritt wegen eines

Umstandes, den der andere Teil nicht zu vertreten hat, so haftet dieser nur nach den Vorschriften über die Herausgabe einer ungerechtfertigten Bereicherung.

§ 38.

Wird der Rücktritt von dem Verlagsvertrag erklärt, nachdem das Werk ganz oder zum Teil abgeliefert worden ist, so hängt es von den Umständen ab, ob der Vertrag teilweise aufrechterhalten bleibt. Es begründet keinen Unterschied, ob der Rücktritt auf Grund des Gesetzes oder eines Vorbehalts im Vertrag erfolgt.

Im Zweifel bleibt der Vertrag insoweit aufrechterhalten, als er sich auf die nicht mehr zur Verfügung des Verlegers stehenden Abzüge, auf frühere Abteilungen des Werkes oder auf ältere Auflagen erstreckt.

Soweit der Vertrag aufrechterhalten bleibt, kann der Verfasser einen entsprechenden Teil der Vergütung verlangen.

Diese Vorschriften finden auch Anwendung, wenn der Vertrag in anderer Weise rückgängig wird.

§ 39.

Soll Gegenstand des Vertrags ein Werk sein, an dem ein Urheberrecht nicht besteht, so ist der Verfasser zur Verschaffung des Verlagsrechts nicht verpflichtet.

Verschweigt der Verfasser arglistig, daß das Werk bereits anderweit in Verlag gegeben oder veröffentlicht worden ist, so finden die Vorschriften des bürgerlichen Rechtes, welche für die dem Verkäufer wegen eines Mangels im Rechte obliegende Gewährleistungspflicht gelten, entsprechende Anwendung.

Der Verfasser hat sich der Vervielfältigung und Verbreitung des Werkes gemäß den Vorschriften des § 2 in gleicher Weise zu enthalten, wie wenn an dem Werke ein Urheberrecht bestände. Diese Beschränkung fällt weg, wenn seit der Veröffentlichung des Werkes durch den Verleger sechs Monate abgelaufen sind.

§ 40.

Im Falle des § 39 verbleibt dem Verleger die Befugnis, das von ihm veröffentlichte Werk gleich jedem Dritten von neuem unverändert oder mit Änderungen zu vervielfältigen. Diese Vorschrift findet keine Anwendung, wenn nach dem Vertrage die Herstellung neuer Auflagen oder weiterer Abzüge von der Zahlung einer besonderen Vergütung abhängig ist.

§ 41.

Werden für eine Zeitung, eine Zeitschrift oder ein sonstiges periodisches Sammelwerk Beiträge zur Veröffentlichung angenommen, so finden die Vorschriften dieses Gesetzes Anwendung, soweit sich nicht aus den §§ 42 bis 46 ein anderes ergibt.

§ 42.

Sofern nicht aus den Umständen zu entnehmen ist, daß der Verleger das ausschließliche Recht zur Vervielfältigung und Verbreitung erhalten soll, verbleibt dem Verfasser die anderweitige Verfügung über den Beitrag.

Über einen Beitrag, für welchen der Verleger das ausschließliche Recht zur Vervielfältigung und Verbreitung erhalten hat, darf der Verfasser anderweit verfügen, wenn seit dem Ablaufe des Kalenderjahrs, in welchem der Beitrag erschienen ist, ein Jahr verstrichen ist. Ist der Beitrag für eine Zeitung geliefert, so steht diese Befugnis dem Verfasser alsbald nach dem Erscheinen zu.

§ 43.

Der Verleger ist in der Zahl der von dem Sammelwerke herzustellenden Abzüge, die den Beitrag enthalten, nicht beschränkt. Die Vorschrift des § 20 Abs. 1 Satz 2 findet keine Anwendung.

§ 44.

Soll der Beitrag ohne den Namen des Verfassers erscheinen, so ist der Verleger befugt, an der Fassung solche Änderungen vorzunehmen, welche bei Sammelwerken derselben Art üblich sind.

§ 45.

Wird der Beitrag nicht innerhalb eines Jahres nach der Ablieferung an den Verleger veröffentlicht, so kann der Verfasser das Vertragsverhältnis kündigen. Der Anspruch auf die Vergütung bleibt unberührt.

Ein Anspruch auf Vervielfältigung und Verbreitung des Beitrags oder auf Schadensersatz wegen Nichterfüllung steht dem Verfasser nur zu, wenn ihm der Zeitpunkt, in welchem der Beitrag erscheinen soll, von dem Verleger bezeichnet worden ist.

§ 46.

Erscheint der Beitrag in einer Zeitung, so kann der Verfasser Freiexemplare nicht verlangen.

Der Verleger ist nicht verpflichtet, dem Verfasser Abzüge zum Buchhändlerpreise zu überlassen.

§ 47.

Übernimmt jemand die Herstellung eines Werkes nach einem Plane, in welchem ihm der Besteller den Inhalt des Werkes sowie die Art und Weise der Behandlung genau vorschreibt, so ist der Besteller im Zweifel zur Vervielfältigung und Verbreitung nicht verpflichtet.

Das gleiche gilt, wenn sich die Tätigkeit auf die Mitarbeit an encyklopädischen Unternehmungen oder auf Hilfs- oder Nebenarbeiten für das Werk eines anderen oder für ein Sammelwerk beschränkt.

§ 48.

Die Vorschriften dieses Gesetzes finden auch dann Anwendung, wenn derjenige, welcher mit dem Verleger den Vertrag abschließt, nicht der Verfasser ist.

§ 49.

In bürgerlichen Rechtsstreitigkeiten, in welchen durch Klage oder Widerklage ein Anspruch auf Grund der Vorschriften dieses Gesetzes geltend gemacht ist, wird die Verhandlung und Entscheidung letzter Instanz im Sinne des § 8 des Einführungsgesetzes zum Gerichtsverfassungsgesetze dem Reichsgerichte zugewiesen.

§ 50.

Dieses Gesetz tritt am 1. Januar 1902 in Kraft

Urkundlich unserer Höchsteigenhändigen Unterschrift und beigedrucktem Kaiserlichen Insiegel.

Gegeben an Bord M. Y. „Hohenzollern", Cuxhaven, den 19 Juni 1901.

(L. S.) **Wilhelm.**

Graf von Bülow.

---

3. Gesetz, betreffend das Urheberrecht an Werken der bildenden Künste und der Photographie.

Vom 9. Januar 1907. (RGBl. 1907 S. 7.)

Wir Wilhelm, von Gottes Gnaden ꝛc. verordnen im Namen des Reichs, nach erfolgter Zustimmung des Bundesrats und des Reichstags, was folgt:

Erster Abschnitt.

Voraussetzungen des Schutzes.

§ 1.

Die Urheber von Werken der bildenden Künste und der Photographie werden nach Maßgabe dieses Gesetzes geschützt.

§ 2.

Die Erzeugnisse des Kunstgewerbes gehören zu den Werken der bildenden Künste. Das gleiche gilt von Bauwerken, soweit sie künstlerische Zwecke verfolgen.

Als Werke der bildenden Künste gelten auch Entwürfe für Erzeugnisse des Kunstgewerbes sowie für Bauwerke der im Abs. 1 bezeichneten Art.

§ 3.

Als Werke der Photographie gelten auch solche Werke, welche durch ein der Photographie ähnliches Verfahren hergestellt werden.

§ 4.

Soweit Entwürfe als Werke der bildenden Künste anzusehen sind, findet das Gesetz, betreffend das Urheberrecht an Werken der Literatur und der Tonkunst, vom 19. Juni 1901 (RGBl. S. 227) auf sie keine Anwendung.

§ 5.

Juristische Personen des öffentlichen Rechtes, die als Herausgeber ein Werk erscheinen lassen, das den Namen des Urhebers nicht angibt, werden, wenn nicht ein anderes vereinbart ist, als Urheber des Werkes angesehen.

§ 6.

Besteht ein Werk aus den getrennten Beiträgen mehrerer (Sammelwerk), so wird für das Werk als Ganzes der Herausgeber als Urheber angesehen. Ist ein solcher nicht genannt, so gilt der Verleger als Herausgeber.

§ 7.

Wird ein Werk der bildenden Künste mit einem Werke der Photographie verbunden, so gilt für jedes dieser Werke dessen Urheber auch nach der Verbindung als Urheber. Das gleiche gilt, wenn ein Werk der bildenden Künste oder ein Werk der Photographie mit einem Werke der Literatur oder

4*

der Tonkunst oder mit einem geschützten Muster verbunden wird.

§ 8.

Haben bei einem Werke mehrere in der Weise zusammengewirkt, daß ihre Arbeiten sich nicht trennen lassen, so besteht unter ihnen als Urhebern eine Gemeinschaft nach Bruchteilen im Sinne des Bürgerlichen Gesetzbuchs.

§ 9.

Ist auf einem Werke der Name eines Urhebers angegeben oder durch kenntliche Zeichen ausgedrückt, so wird vermutet, daß dieser der Urheber des Werkes sei.

Bei Werken, die unter einem anderen als dem wahren Namen des Urhebers oder ohne den Namen eines Urhebers erschienen sind, ist der Herausgeber, falls aber ein solcher nicht angegeben ist, der Verleger berechtigt, die Rechte des Urhebers wahrzunehmen.

§ 10.

Das Recht des Urhebers geht auf die Erben über.

Ist der Fiskus oder eine andere juristische Person gesetzlicher Erbe, so erlischt das Recht, soweit es dem Erblasser zusteht, mit dessen Tode.

Das Recht kann beschränkt oder unbeschränkt auf andere übertragen werden; die Übertragung kann auch mit der Begrenzung auf ein bestimmtes Gebiet geschehen.

Die Überlassung des Eigentums an einem Werke schließt, soweit nicht ein anderes vereinbart ist, die Übertragung des Rechtes des Urhebers nicht in sich.

§ 11.

Über einen Beitrag, der für eine Zeitung, eine Zeitschrift oder ein sonstiges periodisches Sammelwerk zur Veröffentlichung angenommen wird, darf der Urheber anderweit verfügen, sofern nicht aus den Umständen zu entnehmen ist, daß der Verleger das ausschließliche Recht zur Vervielfältigung und Verbreitung erhalten soll.

Über einen Beitrag, für welchen der Verleger das ausschließliche Recht zur Vervielfältigung und Verbreitung erhalten hat, darf, soweit nicht ein anderes vereinbart ist, der Urheber anderweit verfügen, wenn seit dem Ablaufe des Kalenderjahrs, in welchem der Beitrag erschienen ist, ein Jahr verstrichen ist.

Auf Beiträge zu einem nicht periodischen Sammelwerke finden diese Vorschriften insoweit Anwendung, als dem Urheber ein Anspruch auf Vergütung für den Beitrag nicht zusteht.

§ 12.

Im Falle der Übertragung des Urheberrechts hat der Erwerber, soweit nicht ein anderes vereinbart ist, nicht das Recht, bei der Ausübung seiner Befugnisse an dem Werke selbst, an dessen Bezeichnung oder an der Bezeichnung des Urhebers Änderungen vorzunehmen.

Zulässig sind Änderungen, für die der Berechtigte seine Einwilligung nach Treu und Glauben nicht versagen kann.

§ 13.

Der Name oder der Namenszug des Urhebers darf auf dem Werke von einem anderen als dem

Urheber selbst nur mit dessen Einwilligung angebracht werden.

§ 14.

Die Zwangsvollstreckung in das Recht des Urhebers findet gegen den Urheber selbst ohne dessen Einwilligung nicht statt; die Einwilligung kann nicht durch den gesetzlichen Vertreter erteilt werden.

Gegen den Erben des Urhebers ist ohne seine Einwilligung die Zwangsvollstreckung nur zulässig, wenn das Werk oder eine Vervielfältigung davon erschienen ist.

Die gleichen Vorschriften gelten für die Zwangsvollstreckung in solche Formen, Platten, Steine oder sonstige Vorrichtungen, welche ausschließlich zur Vervielfältigung des Werkes bestimmt sind.

Zweiter Abschnitt.

Befugnisse des Urhebers.

§ 15.

Der Urheber hat die ausschließliche Befugnis, das Werk zu vervielfältigen, gewerbsmäßig zu verbreiten und gewerbsmäßig mittels mechanischer oder optischer Einrichtungen vorzuführen; die ausschließliche Befugnis erstreckt sich nicht auf das Verleihen. Als Vervielfältigung gilt auch die Nachbildung, bei Bauwerken und Entwürfen für Bauwerke auch das Nachbauen.

Auch wer durch Nachbildung eines bereits vorhandenen Werkes ein anderes Werk der bildenden Künste oder der Photographie hervorbringt, hat die im Abs. 1 bezeichneten Befugnisse; jedoch darf er diese Befugnisse, sofern der Urheber des Orginalwerkes gleichfalls Schutz genießt, nur mit dessen Einwilligung ausüben.

§ 15a.

Ist ein im Wege der Kinematographie oder eines ihr ähnlichen Verfahrens hergestelltes Werk wegen der Anordnung des Bühnenvorganges oder der Verbindung der dargestellten Begebenheiten als eine eigentümliche Schöpfung anzusehen, so erstreckt sich das Urheberrecht auch auf die bildliche Wiedergabe der dargestellten Handlung in geänderter Gestaltung. Der Urheber hat die ausschließliche Befugnis, das Werk öffentlich vorzuführen.

§ 16.

Die freie Benutzung eines Werkes ist zulässig, wenn dadurch eine eigentümliche Schöpfung hervorgebracht wird.

§ 17.

Eine Vervielfältigung ohne Einwilligung des Berechtigten ist unzulässig, gleichviel durch welches Verfahren sie bewirkt wird; auch begründet es keinen Unterschied, ob das Werk in einem oder in mehreren Exemplaren vervielfältigt wird.

§ 18.

Eine Vervielfältigung zum eigenen Gebrauch ist mit Ausnahme des Nachbauens zulässig, wenn sie unentgeltlich bewirkt wird.

Bei Bildnissen einer Person ist dem Besteller und seinem Rechtsnachfolger gestattet, soweit nicht ein anderes vereinbart ist, das Werk zu vervielfältigen. Ist das Bildnis ein Werk der bildenden Künste, so darf, solange der Urheber lebt, unbeschadet der Vorschrift des Abs. 1 die Vervielfältigung nur im Wege der Photographie erfolgen.

Verboten ist es, den Namen oder eine sonstige Bezeichnung des Urhebers des Werkes in einer Weise auf der Vervielfältigung anzubringen, die zu Verwechselungen Anlaß geben kann.

§ 19.

Zulässig ist die Vervielfältigung und Verbreitung, wenn einzelne Werke in eine selbständige wissenschaftliche Arbeit oder in ein für den Schul- oder Unterrichtsgebrauch bestimmtes Schriftwerk ausschließlich zur Erläuterung des Inhalts aufgenommen werden. Auf Werke, die weder erschienen noch bleibend öffentlich ausgestellt sind, erstreckt sich diese Befugnis nicht.

Wer ein fremdes Werk in dieser Weise benutzt, hat die Quelle, sofern sie auf dem Werke genannt ist, deutlich anzugeben.

§ 20.

Zulässig ist die Vervielfältigung von Werken, die sich bleibend an öffentlichen Wegen, Straßen oder Plätzen befinden, durch malende oder zeichnende Kunst oder durch Photographie. Die Vervielfältigung darf nicht an einem Bauwerk erfolgen.

Bei Bauwerken erstreckt sich die Befugnis zur Vervielfältigung nur auf die äußere Ansicht.

Soweit ein Werk hiernach vervielfältigt werden darf, ist auch die Verbreitung und Vorführung zulässig.

§ 21.

Eine Vervielfältigung auf Grund der §§ 19, 20 ist nur zulässig, wenn an dem wiedergegebenen Werke keine Änderung vorgenommen wird. Jedoch sind Übertragungen des Werkes in eine andere Größe und solche Änderungen gestattet, welche das für die Vervielfältigung angewendete Verfahren mit sich bringt.

§ 22.

Bildnisse dürfen nur mit Einwilligung des Abgebildeten verbreitet oder öffentlich zur Schau gestellt werden. Die Einwilligung gilt im Zweifel als erteilt, wenn der Abgebildete dafür, daß er sich abbilden ließ, eine Entlohnung erhielt. Nach dem Tode des Abgebildeten bedarf es bis zum Ablaufe von 10 Jahren der Einwilligung der Angehörigen des Abgebildeten. Angehörige im Sinne dieses Gesetzes sind der überlebende Ehegatte und die Kinder des Abgebildeten, und wenn weder ein Ehegatte noch Kinder vorhanden sind, die Eltern des Abgebildeten.

§ 23.

Ohne die nach § 22 erforderliche Einwilligung dürfen verbreitet und zur Schau gestellt werden:

1. Bildnisse aus dem Bereiche der Zeitgeschichte;

2. Bilder, auf denen die Personen nur als Beiwerk neben einer Landschaft oder sonstigen Örtlichkeit erscheinen;
3. Bilder von Versammlungen, Aufzügen und ähnlichen Vorgängen, an denen die dargestellten Personen teilgenommen haben;
4. Bildnisse, die nicht auf Bestellung angefertigt sind, sofern die Verbreitung oder Schaustellung einem höheren Interesse der Kunst dient.

Die Befugnis erstreckt sich jedoch nicht auf eine Verbreitung und Schaustellung, durch die ein berechtigtes Interesse des Abgebildeten oder, falls dieser verstorben ist, seiner Angehörigen verletzt wird.

§ 24.

Für Zwecke der Rechtspflege und der öffentlichen Sicherheit dürfen von den Behörden Bildnisse ohne Einwilligung des Berechtigten sowie des Abgebildeten oder seiner Angehörigen vervielfältigt, verbreitet und öffentlich zur Schau gestellt werden.

Dritter Abschnitt.

Dauer des Schutzes.

§ 25.

Der Schutz des Urheberrechts an einem Werke der bildenden Künste endigt, wenn seit dem Tode des Urhebers dreißig Jahre abgelaufen sind.

Steht einer juristischen Person nach §§ 5, 6 das Urheberrecht zu, so endigt der Schutz mit dem Ablaufe von dreißig Jahren seit dem Erscheinen des Werkes. Jedoch endigt der Schutz mit dem Ablaufe der im Abs. 1 bestimmten Frist, wenn das Werk erst nach dem Tode desjenigen erscheint, welcher es hervorgebracht hat.

§ 26.

Der Schutz des Urheberechts an einem Werke der Photographie endigt mit dem Ablaufe von zehn Jahren seit dem Erscheinen des Werkes. Jedoch endigt der Schutz mit dem Ablaufe von zehn Jahren seit dem Tode des Urhebers, wenn bis zu dessen Tode das Werk noch nicht erschienen war.

§ 27.

Steht das Urheberrecht an einem Werke mehreren gemeinschaftlich zu, so bestimmt sich, soweit der Zeitpunkt des Todes für die Schutzfrist maßgebend ist, deren Ablauf nach dem Tode des Letztlebenden.

§ 28.

Bei Werken, die aus mehreren in Zwischenräumen veröffentlichten Abteilungen bestehen, sowie bei fortlaufenden Blättern oder Heften wird jede Abteilung, jedes Blatt oder Heft für die Berechnung der Schutzfristen als ein besonderes Werk angesehen.

Bei den in Lieferungen veröffentlichten Werken wird die Schutzfrist erst von der Veröffentlichung der letzten Lieferung an berechnet.

§ 29.

Die Schutzfristen beginnen mit dem Ablaufe des Kalenderjahrs, in welchem der Urheber gestorben oder das Werk erschienen ist.

§ 30.

Soweit der in diesem Gesetze gewährte Schutz davon abhängt, ob ein Werk erschienen ist, kommt nur ein Erscheinen in Betracht, das der Berechtigte bewirkt hat.

Vierter Abschnitt.

Rechtsverletzungen.

§ 31.

Wer vorsätzlich oder fahrlässig unter Verletzung der ausschließlichen Befugnis des Urhebers ein Werk vervielfältigt, gewerbsmäßig verbreitet oder gewerbsmäßig mittels mechanischer oder optischer Einrichtungen vorführt, ist dem Berechtigten zum Ersatze des daraus entstehenden Schadens verplichtet. **Der gewerbsmäßigen Vorführung steht, soweit die Kinematographie oder ein ihr ähnliches Verfahren angewandt wird, die öffentliche Vorführung gleich.**

§ 32.

Wer in anderen als den gesetzlich zugelassenen Fällen vorsätzlich ohne Einwilligung des Berechtigten ein Werk vervielfältigt, gewerbsmäßig verbreitet oder gewerbsmäßig mittels mechanischer oder optischer Einrichtungen vorführt, wird mit Geldstrafe bis zu dreitausend Mark bestraft. **Der gewerbsmäßigen Vorführung steht, soweit die Kinematographie oder ein ihr ähnliches Verfahren angewendet wird, die öffentliche Vorführung gleich.**

War die Einwilligung des Berechtigten nur deshalb erforderlich, weil an dem Werke selbst, an dessen Bezeichnung oder an der Bezeichnung des Urhebers Änderungen vorgenommen sind, so tritt Geldstrafe bis zu dreihundert Mark ein.

Soll eine nicht beizutreibende Geldstrafe in Gefängnisstrafe umgewandelt werden, so darf deren Dauer in den Fällen des Abs. 1 sechs Monate, in den Fällen des Abs. 2 einen Monat nicht übersteigen.

§ 33.

Mit Geldstrafe bis zu eintausend Mark wird bestraft:

1. wer der Vorschrift des § 18 Abs. 3 zuwider vorsätzlich den Namen oder eine sonstige Bezeichnung des Urhebers des Werkes auf der Vervielfältigung anbringt;
2. wer den Vorschriften der §§ 22, 23 zuwider vorsätzlich ein Bildnis verbreitet oder öffentlich zur Schau stellt.

Soll eine nicht beizutreibende Geldstrafe in Gefängnisstrafe umgewandelt werden, so darf deren Dauer zwei Monate nicht übersteigen.

§ 34.

Wer der Vorschrift des § 13 zuwider vorsätzlich auf dem Werke den Namen oder den Namenszug des Urhebers anbringt, wird mit Geldstrafe bis zu dreihundert Mark bestraft.

Soll eine nicht beizutreibende Geldstrafe in Gefängnisstrafe umgewandelt werden, so darf deren Dauer einen Monat nicht übersteigen.

§ 35.

Auf Verlangen des Verletzten kann neben der Strafe auf eine an ihn zu erlegende Buße bis zum Betrage von sechstausend Mark erkannt werden. Die zu dieser Buße Verurteilten haften als Gesamtschuldner.

Eine erkannte Buße schließt die Geltendmachung eines weiteren Anspruchs auf Schadensersatz aus.

§ 36.

Die in den §§ 31, 32 bezeichneten Handlungen sind auch dann rechtswidrig, wenn das Werk nur zu einem Teile vervielfältigt, verbreitet oder vorgeführt wird.

§ 37.

Die widerrechtlich hergestellten, verbreiteten oder vorgeführten Exemplare und die zur widerrechtlichen Vervielfältigung oder Vorführung ausschließlich bestimmten Vorrichtungen, wie Formen, Platten, Steine, unterliegen der Vernichtung. Das gleiche gilt von den widerrechtlich verbreiteten oder öffentlich zur Schau gestellten Bildnissen und den zu deren Vervielfältigung ausschließlich bestimmten Vorrichtungen. Ist nur ein Teil des Werkes widerrechtlich hergestellt, verbreitet oder vorgeführt, so ist auf Vernichtung dieses Teiles und der entsprechenden Vorrichtungen zu erkennen.

Gegenstand der Vernichtung sind alle Exemplare und Vorrichtungen, welche sich im Eigentume der an der Herstellung, der Verbreitung, der Vorführung oder der Schaustellung Beteiligten sowie der Erben dieser Personen befinden.

Auf die Vernichtung ist auch dann zu erkennen, wenn die Herstellung, die Verbreitung, die Vorführung oder Schaustellung weder vorsätzlich noch fahrlässig erfolgt. Das gleiche gilt, wenn die Herstellung noch nicht vollendet ist.

Die Vernichtung hat zu erfolgen, nachdem dem Eigentümer gegenüber rechtskräftig darauf erkannt ist. Soweit die Exemplare oder die Vorrichtungen in anderer Weise als durch Vernichtung unschädlich gemacht werden können, hat dies zu geschehen, falls der Eigentümer die Kosten übernimmt.

Vorstehende Bestimmungen finden auf Bauwerke keine Anwendung.

§ 38.

Der Verletzte kann statt der Vernichtung verlangen, daß ihm das Recht zuerkannt wird, die Exemplare und Vorrichtungen ganz oder teilweise gegen eine angemessene, höchstens dem Betrage der Herstellungskosten gleichkommende Vergütung zu übernehmen.

§ 39.

Unterliegt auf Grund des § 37 Abs. 1 ein Sammelwerk oder eine sonstige, aus mehreren verbundenen Werken bestehende Sammlung nur zum Teil der Vernichtung, so kann der Eigentümer von Exemplaren, die Gegenstand der Vernichtung sein würden, beantragen, daß ihm die Befugnis zugesprochen werde, die Vernichtung durch Zahlung einer Vergütung an den Verletzten abzuwenden und die Exemplare gewerbsmäßig zu verbreiten. Der Antrag ist unzulässig, wenn der Eigentümer die ausschließliche Befugnis des Urhebers vorsätzlich oder fahrlässig verletzt hat.

Das Gericht kann dem Antrag entsprechen, sofern durch die Vernichtung dem Eigentümer ein unverhältnismäßiger Schaden entstehen würde. Den Betrag der Vergütung bestimmt das Gericht nach billigem Ermessen.

Auf die Vernichtung eines den Vorschriften der §§ 22, 23 zuwider verbreiteten oder zur Schau gestellten Bildnisses finden diese Vorschriften keine Anwendung.

§ 40.

Wer der Vorschrift des § 19 Abs. 2 zuwider unterläßt, die benutzte Quelle anzugeben, wird mit Geldstrafe bis zu einhundertfünfzig Mark bestraft.

§ 41.

Die Strafverfolgung in den Fällen der §§ 32, 33, 40 tritt nur auf Antrag ein. Die Zurücknahme des Antrags ist zulässig.

§ 42.

Die Vernichtung der Exemplare und der Vorrichtungen kann im Wege des bürgerlichen Rechtsstreits oder im Strafverfahren verfolgt werden.

§ 43.

Auf die Vernichtung von Exemplaren oder Vorrichtungen kann auch im Strafverfahren nur auf besonderen Antrag des Verletzten erkannt werden. Die Zurücknahme des Antrags ist bis zur erfolgten Vernichtung zulässig.

Der Verletzte kann die Vernichtung von Exemplaren oder Vorrichtungen selbständig verfolgen. In diesem Falle finden die §§ 477 bis 479 der Strafprozeßordnung mit der Maßgabe Anwendung, daß der Verletzte als Privatkläger auftreten kann.

§ 44.

Die §§ 42, 43 finden auf die Verfolgung des im § 38 bezeichneten Rechtes entsprechende Anwendung.

§ 45.

Der im § 39 bezeichnete Antrag ist, falls ein auf die Vernichtung gerichtetes Verfahren bereits anhängig ist, in diesem Verfahren zu stellen. Ist ein Verfahren noch nicht anhängig, so kann der Antrag nur im Wege des bürgerlichen Rechtsstreits bei dem Gericht angebracht werden, das für den Antrag auf Vernichtung der Exemplare zuständig ist.

Dem Eigentümer kann im Wege einer einstweiligen Anordnung gestattet werden, die Vernichtung durch Sicherheitsleistung abzuwenden und die Exemplare gewerbsmäßig zu verbreiten; soll die Anordnung im Wege des bürgerlichen Rechtsstreits getroffen werden, so finden die Vorschriften über die einstweiligen Verfügungen Anwendung.

Wird dem Eigentümer nicht die Befugnis zugesprochen, die Vernichtung durch Zahlung einer Vergütung an den Verletzten abzuwenden und die Exemplare gewerbsmäßig zu verbreiten, so hat er, soweit auf Grund der einstweiligen Anordnung Exemplare von ihm verbreitet worden sind, dem Verletzten eine Vergütung zu gewähren. Den Betrag der Vergütung bestimmt das Gericht nach billigem Ermessen.

§ 46.

Für sämtliche Bundesstaaten sollen Sachverständigenkammern bestehen, die verpflichtet sind, auf Erfordern der Gerichte und der Staatsanwaltschaften Gutachten über die an sie gerichteten Fragen abzugeben.

Die Sachverständigenkammern sind befugt, auf Anrufen der Beteiligten über Schadensersatzansprüche, über die Vernichtung von Exemplaren oder Vorrichtungen sowie über die Zuerkennung des im § 38 bezeichneten Rechtes als Schiedsrichter zu verhandeln und zu entscheiden.

Der Reichskanzler erläßt die Bestimmungen über die Zusammensetzung und den Geschäftsbetrieb der Sachverständigenkammern.[1])

Die einzelnen Mitglieder der Sachverständigenkammern sollen nicht ohne ihre Zustimmung und nicht ohne Genehmigung des Vorsitzenden von den Gerichten als Sachverständige vernommen werden.

§ 47.

Der Anspruch auf Schadensersatz und die Strafverfolgung wegen widerrechtlicher Vervielfältigung verjähren in drei Jahren.

Die Verjährung beginnt mit dem Tage, an welchem die Vervielfältigung vollendet ist. Ist die Vervielfältigung zum Zwecke der Verbreitung bewirkt, so beginnt die Verjährung erst mit dem Tage, an welchem eine Verbreitung stattgefunden hat.

---

[1]) Abgedruckt unten Seite 134.

§ 48.

Der Anspruch auf Schadensersatz und die Strafverfolgung wegen widerrechtlicher Verbreitung oder Vorführung eines Werkes sowie die Strafverfolgung wegen widerrechtlicher Verbreitung oder Schaustellung eines Bildnisses verjähren in drei Jahren.

Die Verjährung beginnt mit dem Tage, an welchem die widerrechtliche Handlung zuletzt stattgefunden hat.

§ 49.

Die Verjährung der nach § 40 strafbaren Handlung beginnt mit dem Tage, an welchem die erste Verbreitung stattgefunden hat.

§ 50.

Der Antrag auf Vernichtung der Exemplare und der Vorrichtungen ist solange zulässig, als solche Exemplare oder Vorrichtungen vorhanden sind.

Fünfter Abschnitt.

Schlußbestimmungen.

§ 51.

Den Schutz des Urhebers genießen die Reichsangehörigen für alle ihre Werke, gleichviel ob diese erschienen sind oder nicht.

Wer nicht Reichsangehöriger ist, genießt den Schutz für jedes seiner Werke, das im Inland erscheint, sofern er nicht das Werk an einem früheren Tage im Auslande hat erscheinen lassen.

§ 52.

In bürgerlichen Rechtsstreitigkeiten, in welchen durch Klage oder Widerklage ein Anspruch auf Grund der Vorschriften dieses Gesetzes geltend gemacht ist, wird die Verhandlung und Entscheidung letzter Instanz im Sinne des § 8 des Einführungsgesetzes zum Gerichtsverfassungsgesetze dem Reichsgerichte zugewiesen.

§ 53.

Die ausschließlichen Befugnisse des Urhebers eines Werkes, das zur Zeit des Inkrafttretens dieses Gesetzes geschützt ist, bestimmen sich nach dessen Vorschriften. Auf ein Werk der Photographie, das bei dem Inkrafttreten des Gesetzes noch nicht erschienen war, finden dessen Vorschriften auch dann Anwendung, wenn die bisherige Schutzfrist abgelaufen ist.

Wer in seinem Geschäftsbetriebe vor dem Inkrafttreten des Gesetzes erlaubterweise ein Werk zur Bezeichnung, Ausstattung oder Ankündigung von Waren benutzt hat, darf das Werk auch ferner zu diesem Zwecke benutzen.

Ist ein erschienenes Werk bereits vor dem Inkrafttreten des Gesetzes gewerbsmäßig mittels mechanischer oder optischer Einrichtungen vorgeführt worden, so genießt es den Schutz gegen unerlaubte Vorführung nicht.

§ 54.

Soweit eine Vervielfältigung, die nach dem Inkrafttreten dieses Gesetzes unzulässig ist, bisher erlaubt war, dürfen die vorhandenen Vorrichtungen, wie Formen, Platten, Steine, noch bis zum Ablaufe von drei Jahren benutzt werden. Vorrichtungen, deren Herstellung begonnen war, dürfen fertiggestellt und bis zu demselben Zeitpunkte benutzt werden. Die Verbreitung der gemäß dieser Vorschriften hergestellten sowie der bereits vor dem Inkrafttreten des Gesetzes vollendeten Exemplare ist zulässig.

§ 55.

Das Gesetz tritt mit dem 1. Juli 1907 in Kraft. Mit demselben Tage treten außer Kraft[1]) die

[1]) Die nicht aufgehobenen Paragraphen 17 bis 19 des Gesetzes vom 9. Januar 1876 lauten:

§ 17.

Das gegenwärtige Gesetz tritt mit dem 1. Juli 1876 in Kraft. Alle früheren in den einzelnen Staaten des Deutschen Reichs geltenden Bestimmungen in Beziehung auf das Urheberrecht an Werken der bildenden Künste treten von demselben Tage ab außer Wirksamkeit.

§ 18.

Das gegenwärtige Gesetz findet auch auf alle vor dem Inkrafttreten desselben erschienenen Werke der bildenden Künste Anwendung, selbst wenn dieselben nach den bisherigen Landesgesetzgebungen keinen Schutz gegen Nachbildung genossen haben.

Die bei dem Inkrafttreten dieses Gesetzes vorhandenen Exemplare, deren Herstellung nach der bisherigen Gesetzgebung gestattet war, sollen auch fernerhin verbreitet werden dürfen, selbst wenn ihre Herstellung nach dem gegenwärtigen Gesetze untersagt ist.

Ebenso sollen die bei dem Inkrafttreten dieses Gesetzes vorhandenen, bisher rechtmäßig angefertigten Vorrichtungen, wie Formen, Platten, Steine, Stereotypabgüsse usw. auch fernerhin zur Anfertigung von Exemplaren benutzt werden dürfen.

§§ 1 bis 16, 20, 21 des Gesetzes, betreffend das Urheberrecht an Werken der bildenden Künste, vom

Auch dürfen die beim Inkrafttreten des Gesetzes bereits begonnenen, bisher gestatteten Vervielfältigungen noch vollendet werden.

Die Regierungen der Staaten des Deutschen Reichs werden ein Inventarium über die Vorrichtungen, deren fernere Benutzung hiernach gestattet ist, amtlich aufstellen und diese Vorrichtungen mit einem gleichförmigen Stempel bedrucken lassen.

Nach Ablauf der für die Legalisierung angegebenen Frist unterliegen alle mit dem Stempel nicht versehenen Vorrichtungen der bezeichneten Werke, auf Antrag des Verletzten, der Einziehung. Die nähere Instruktion über das bei der Aufstellung des Inventariums und bei der Stempelung zu beobachtende Verfahren wird vom Reichskanzler-Amt erlassen.

§ 19.

Die Erteilung von Privilegien zum Schutze des Urheberrechts ist nicht mehr zulässig.

Dem Inhaber eines vor dem Inkrafttreten des gegenwärtigen Gesetzes von den Regierungen einzelner deutscher Staaten erteilten Privilegiums steht es frei, ob er von diesem Privilegium Gebrauch machen oder den Schutz des gegenwärtigen Gesetzes anrufen will.

Der Privilegienschutz kann indes nur für den Umfang derjenigen Staaten geltend gemacht werden, von welchen derselbe erteilt worden ist.

Die Berufung auf den Privilegienschutz ist dadurch bedingt, daß das Privilegium entweder ganz oder dem wesentlichen Inhalte nach dem Werke vorgedruckt oder auf oder hinter dem Titelblatt desselben bemerkt ist. Wo dieses nach der Natur des Gegenstandes nicht stattfinden kann oder bisher nicht geschehen ist, muß das Privilegium, bei Vermeidung des Erlöschens, binnen drei Monaten nach dem Inkrafttreten dieses Gesetzes zur Eintragung in die Eintragsrolle angemeldet werden. Das Kuratorium der Eintragsrolle hat das Privilegium öffentlich bekannt zu machen.

9. Januar 1876 (RGBl. S. 4) sowie das Gesetz, betreffend den Schutz der Photographien gegen unbefugte Nachbildung, vom 10. Januar 1876 (RGBl. S. 8).

Urkundlich unter Unserer Höchsteigenhändigen Unterschrift und beigedrucktem Kaiserlichen Insiegel.

Gegeben Berlin im Schloß, den 9. Januar 1907.

(L. S.) **Wilhelm.**

Graf von Posadowsky.

II.
Internationale Abkommen.

Vorbemerkung.

Das wichtigste internationale Urheberrechtsabkommen, die Berner Übereinkunft hat am 13. November 1908 eine Neuregelung erfahren. Damit ist die sog. Revidierte Berner Übereinkunft grundsätzlich an Stelle des Abkommens vom 9. September 1886 getreten. Jedoch gilt diese Konvention noch im Verhältnis zu den Verbandsstaaten, die die neue Übereinkunft nicht ratifiziert haben. Auch haben sich verschiedene Länder gemäß Art. 27 der Revidierten Berner Übereinkunft bei Austausch der Ratifikationsurkunden Vorbehalte gemacht, kraft deren sie an einige Bestimmungen der Konvention vom 9. September 1886 gebunden bleiben wollen. Die bis jetzt bekannten Vorbehalte von Frankreich, Tunis, Japan und Norwegen sind mit abgedruckt.

Die Vertragsstaaten der Revidierten Berner Übereinkunft (auch der früheren Berner Konvention) sind folgende:

Deutschland, Belgien, Dänemark, Spanien, Frankreich, Haiti, Großbritannien, Italien, Norwegen, Schweden, Schweiz und Tunis.

Ratifiziert haben die Revidierte Berner Übereinkunft zurzeit noch nicht:

Dänemark, Großbritannien, Italien und Schweden.

Außer der Berner Konvention bestehen zwischen Deutschland einerseits und den Vereinigten Staaten von Amerika, Österreich-Ungarn, Frankreich, Belgien und Italien andererseits Sonderabkommen (vgl. Art. 20 der Revidierten Berner Übereinkunft). Diese Sonderabkommen sind unten abgedruckt.

---

4. Revidierte Berner Übereinkunft zum Schutze von Werken der Literatur und Kunst.

Vom 13. November 1908. (RGBl. 1910 S. 965).

Art. 1.

Die vertragschließenden Länder bilden einen Verband zum Schutze des Urheberrechts an Werken der Literatur und Kunst.

Art. 2.

Der Ausdruck „Werke der Literatur und Kunst" umfaßt alle Erzeugnisse aus dem Bereiche der Literatur, der Wissenschaft oder der Kunst ohne Rücksicht auf die Art oder die Form der Vervielfältigung wie: Bücher, Broschüren und andere Schriftwerke; dramatische oder dramatisch-musikalische Werke, choreographische und pantomimische Werke, sofern der Bühnenvorgang schriftlich oder auf andere Weise festgelegt ist; Werke der Tonkunst mit oder ohne Text; Werke der zeichnenden Kunst, der Malerei, der Baukunst, der Bildhauerei; Stiche und Lithographien; Illustrationen, geographische Karten; geographische, topographische, architektonische oder wissenschaftliche Pläne, Skizzen und Darstellungen plastischer Art.

Den gleichen Schutz wie die Originalwerke genießen, unbeschadet des Urheberrechts an dem Originalwerk, Übersetzungen, Adaptationen, musikalische Arrangements und andere Umarbeitungen eines Werkes der Literatur oder der Kunst sowie Sammlungen aus verschiedenen Werken.

Die vertragschließenden Länder sind verpflichtet, den obengenannten Werken Schutz zu gewähren.

Den Werken der angewandten Kunst wird Schutz gewährt, soweit die innere Gesetzgebung eines jeden Landes dies gestattet.

Art. 3.

Diese Übereinkunft findet auch Anwendung auf Werke der Photographie und die durch ein der Photographie ähnliches Verfahren hergestellten Werke. Die vertragschließenden Länder sind verpflichtet, diesen Werken Schutz zu gewähren.

Art. 4.

Die einem der Verbandsländer angehörigen Urheber genießen sowohl für die nicht veröffentlichten als für die in einem Verbandslande zum ersten Male veröffentlichten Werke in allen Verbandsländern mit Ausnahme des Ursprungslandes des Werkes diejenigen Rechte, welche die einschlägigen Gesetze den inländischen Urhebern gegenwärtig einräumen oder in Zukunft einräumen werden, sowie die in dieser Übereinkunft besonders festgesetzten Rechte.

Der Genuß und die Ausübung dieser Rechte sind an die Erfüllung irgend welcher Förmlichkeiten nicht gebunden; dieser Genuß und diese Ausübung und von dem Bestehen eines Schutzes in dem Ursprungs-Lande des Werkes unabhängig. Soweit nicht diese Übereinkunft ein anderes bestimmt, richten sich demnach der Umfang des Schutzes sowie die dem Urheber zur Wahrung seiner Rechte zustehenden Rechtsbehelfe ausschließlich nach den Gesetzen des Landes, in welchem der Schutz beansprucht wird.

Als Ursprungsland des Werkes wird angesehen: für die nicht veröffentlichten Werke das Heimatland des Urhebers; für die veröffentlichten Werke dasjenige Land, in welchem die erste Veröffentlichung erfolgt ist, und für die gleichzeitig in mehreren Verbandsländern veröffentlichten Werke dasjenige von diesen Ländern, dessen Gesetzgebung die kürzeste Schutzdauer gewährt. Für die gleichzeitig in einem Nichtverbandsland und in einem Verbandslande veröffentlichten Werke wird letzteres Land ausschließlich als Ursprungsland angesehen.

Unter veröffentlichten Werken sind im Sinne dieser Übereinkunft die erschienenen Werke zu verstehen. Die Aufführung eines dramatischen oder dramatisch-musikalischen Werkes, die Aufführung eines Werkes der Tonkunst, die Ausstellung eines Werkes der bildenden Künste und die Errichtung eines Werkes der Baukunst stellen keine Veröffentlichung dar.

Art. 5.

Die einem der Verbandsländer angehörigen Urheber, welche ihre Werke zum ersten Male in einem anderen Verbandslande veröffentlichen, genießen in diesem letzteren Lande die gleichen Rechte wie die inländischen Urheber.

Art. 6.

Die keinem der Verbandsländer angehörigen Urheber, welche ihre Werke zum ersten Male in einem dieser Länder veröffentlichen, genießen in diesem Lande die gleichen Rechte wie die inländischen Urheber und in den anderen Verbandsländern diejenigen Rechte, welche diese Übereinkunft gewährt.

Art. 7.

Die Dauer des durch diese Übereinkunft gewährten Schutzes umfaßt das Leben des Urhebers und fünfzig Jahre nach seinem Tode.

Doch richtet sich, für den Fall, daß diese Dauer nicht gleichmäßig von allen Verbandsländern angenommen sein sollte, die Dauer nach dem Gesetze desjenigen Landes, wo der Schutz beansprucht wird; sie kann aber die in dem Ursprungslande festgesetzte Dauer nicht überschreiten. Die Vertragsländer sind daher nur in dem Maße verpflichtet, die Vorschrift des vorhergehenden Absatzes zur Anwendung zu bringen, wie sich dies mit ihrer inneren Gesetzgebung in Einklang bringen läßt.

Für die Werke der Photographie und die durch ein der Photographie ähnliches Verfahren hergestellten Werke, für die nachgelassenen Werke, für die anonymen und pseudonymen Werke, richtet sich die Schutzdauer nach dem Gesetze desjenigen Landes, wo der Schutz beansprucht wird, ohne daß diese Dauer die in dem Ursprungslande des Werkes festgesetzte Dauer überschreiten kann.

Art. 8.

Die einem der Verbandsländer angehörigen Urheber nicht veröffentlichter Werke und die Urheber von Werken, welche zum ersten Male in einem dieser Länder veröffentlicht worden sind, genießen in den übrigen Verbandsländern während der ganzen Dauer ihres Rechts an dem Originale das ausschließliche Recht, ihre Werke zu übersetzen oder die Übersetzung zu gestatten.

Art. 9.

Feuilletonromane, Novellen und alle anderen Werke aus dem Bereiche der Literatur, der Wissenschaft oder der Kunst, gleichviel, was ihr Gegenstand ist, welche in Zeitungen oder periodischen Zeitschriften eines Verbandslandes veröffentlicht sind, dürfen in den übrigen Ländern ohne Ermächtigung der Urheber nicht abgedruckt werden.

Mit Ausnahme der Feuilletonromane und der Novellen kann jeder Artikel aus einer Zeitung von einer anderen Zeitung abgedruckt werden, wenn die Wiedergabe nicht ausdrücklich untersagt worden ist. Es ist jedoch die Quelle anzugeben; die Rechtsfolgen der Nichterfüllung dieser Verpflichtung richten sich nach der Gesetzgebung des Landes, in welchem der Schutz beansprucht wird.[1])

Der Schutz dieser Übereinkunft findet keine Anwendung auf Tagesneuigkeiten oder vermischte Nachrichten, welche sich als einfache Zeitungsmitteilungen darstellen.

[1]) Siehe § 1 des Ausführungsgesetzes vom 22. Mai 1910; abgedruckt unten S. 92.

Art. 10.

Bezüglich der Befugnis, Auszüge oder Stücke aus Werken der Literatur oder der Kunst in Veröffentlichungen, welche für den Unterricht bestimmt oder wissenschaftlicher Natur sind, oder in Chrestomathien aufzunehmen, sollen die Gesetzgebungen der Verbandsländer und die zwischen ihnen bestehenden oder in Zukunft abzuschließenden besonderen Abkommen maßgebend sein.

Art. 11.

Die Bestimmungen dieser Übereinkunft finden auf die öffentliche Aufführung dramatischer oder dramatisch-musikalischer sowie auf die öffentliche Aufführung von Werken der Tonkunst Anwendung, gleichviel, ob diese Werke veröffentlicht sind oder nicht.

Die Urheber von dramatischen oder dramatisch-musikalischen Werken werden während der Dauer ihres Rechtes an dem Originale gegen die öffentliche, von ihnen nicht gestattete Aufführung einer Übersetzung ihrer Werke geschützt.

Die Urheber genießen den Schutz dieses Artikels, ohne daß sie verpflichtet wären, bei der Veröffentlichung des Werkes dessen öffentliche Aufführung zu untersagen.

Art. 12.

Zu der unerlaubten Wiedergabe, auf welche diese Übereinkunft Anwendung findet, gehört insbesondere auch die nicht genehmigte mittelbare Aneignung eines Werkes der Literatur oder Kunst, wie Adaptationen, musikalische Arrangements, Umgestaltung eines Romans, einer Novelle oder einer Dichtung in ein Theaterstück, sowie umgekehrt u. dergl., sofern die Aneignung lediglich die Wiedergabe dieses Werkes in derselben oder einer anderen Form, mit unwesentlichen Änderungen, Zusätzen oder Abkürzungen darstellt, ohne die Eigenschaft eines neuen Originalwerkes zu besitzen.

Art. 13.

Den Urhebern von Werken der Tonkunst steht die ausschließliche Befugnis zu: 1. die Übertragung dieser Werke auf Instrumente, welche zu deren mechanischen Wiedergabe dienen, 2. die öffentliche Aufführung der nämlichen Werke mittels dieser Instrumente zu gestatten.

Vorbehalte und Einschränkungen, die sich auf die Anwendung dieses Artikels beziehen, können durch die innere Gesetzgebung eines jeden Landes, soweit es dabei in Betracht kommt, festgesetzt werden; [1]) jedoch ist die Wirkung derartiger Vorbehalte und Einschränkungen ausschließlich auf das Gebiet desjenigen Landes begrenzt, welches sie bestimmt hat.

Die Bestimmung des ersten Absatzes hat keine rückwirkende Kraft und findet daher in einem Verbandslande keine Anwendung auf diejenigen Werke, welche in diesem Lande erlaubterweise vor dem Inkraftsetzen dieser Übereinkunft auf mechanische Instrumente übertragen worden sind.

Die auf Grund des Abs. 2, 3 dieses Artikels vorgenommenen Übertragungen, welche ohne Zu-

[1]) Siehe § 2 des Ausführungsgesetzes vom 22. Mai 1910; abgedruckt unter S. 92.

stimmung der Beteiligten in ein Land eingeführt werden, wo sie verboten sind, können daselbst beschlagnahmt werden.

Art. 14.

Die Urheber von Werken aus dem Bereiche der Literatur, der Wissenschaft oder der Kunst haben das ausschließliche Recht, die Wiedergabe und die öffentliche Aufführung ihrer Werke durch die Kinematographie zu gestatten.

Den gleichen Schutz wie Werke der Literatur oder Kunst genießen selbständige kinematographische Erzeugnisse, sofern der Urheber durch die Anordnung des Bühnenvorganges oder die Verbindung der dargestellten Begebenheiten dem Werke die Eigenschaft eines persönlichen Originalwerkes gegeben hat.

Unbeschadet der Rechte des Urhebers am Originale wird die Wiedergabe eines Werkes aus dem Bereiche der Literatur, der Wissenschaft oder der Kunst mittels der Kinematographie wie ein Originalwerk geschützt.

Die vorstehenden Vorschriften finden auch Anwendung auf eine Wiedergabe oder ein Erzeugnis, welche durch ein der Kinematographie ähnliches Verfahren zustande kommen.

Art. 15.

Damit die Urheber der durch diese Übereinkunft geschützten Werke bis zum Beweise des Gegenteils als solche angesehen und demgemäß vor den Gerichten der einzelnen Verbandsländer zur Verfolgung der Nachdrucker oder Nachbildner zugelassen werden, genügt es, wenn ihr Name in der üblichen Weise auf dem Werke angegeben ist.

Bei anonymen oder pseudonymen Werken ist der Verleger, dessen Name auf dem Werke angegeben ist, zur Wahrnehmung der dem Urheber zustehenden Rechte befugt. Er gilt ohne weiteren Beweis als Rechtsnachfolger des anonymen oder pseudonymen Urhebers.

Art. 16.

Jedes nachgedruckte oder nachgebildete Werk kann durch die zuständigen Behörden derjenigen Verbandsländer, in welchen das Originalwerk auf gesetzlichen Schutz Anspruch hat, beschlagnahmt werden.

In diesen Ländern kann sich die Beschlagnahme auch auf Vervielfältigungen erstrecken, die aus einem Lande herrühren, wo das Werk keinen Schutz genießt oder aufgehört hat, einen Schutz zu genießen.

Die Beschlagnahme findet statt nach den Vorschriften der inneren Gesetzgebung eines jeden Landes.

Art. 17.

Die Bestimmungen dieser Übereinkunft beeinträchtigten in keiner Beziehung das der Regierung eines jeden Verbandslandes zustehende Recht, durch Maßregeln der Gesetzgebung oder inneren Verwaltung die Verbreitung, die Darstellung oder das Feilbieten eines jeden Werkes oder Erzeugnisses zu gestatten, zu überwachen und zu untersagen, für welches die zuständige Behörde dieses Recht auszuüben hat.

Art. 18.

Diese Übereinkunft findet Anwendung auf alle Werke, die beim Inkrafttreten der Übereinkunft noch nicht in ihrem Ursprungslande zufolge des Ablaufes der Schutzfrist Gemeingut geworden sind.

Ist jedoch ein Werk infolge des Ablaufes der ihm vorher zustehenden Schutzfrist in dem Verbandsland, in welchem der Schutz beansprucht wird, bereits Gemeingut geworden, so erlangt es dort auf Grund dieser Übereinkunft nicht von neuem Schutz.

Die Anwendung dieses Grundsatzes erfolgt nach den Abmachungen der zwischen Verbandsländern zu diesem Zwecke abgeschlossenen oder abzuschließenden Sonderabkommen. Mangels derartiger Abmachungen regeln die betreffenden Länder, ein jedes für sich, die Art und Weise dieser Anwendung.[1])

Die vorstehenden Bestimmungen finden entsprechende Anwendung, wenn ein Land dem Verbande neu beitritt und wenn die Schutzdauer in Gemäßheit von Artikel 7 verlängert wird.

Art. 19.

Die Bestimmungen dieser Übereinkunft hindern nicht, die Anwendung weitergehender Vorschriften zu beanspruchen, welche von der Gesetzgebung eines Verbandslandes zu Gunsten der Ausländer im allgemeinen erlassen werden sollten.

Art. 20.

Die Regierungen der Verbandsländer behalten sich das Recht vor, mit einander besondere Abkommen

---

[1]) Siehe § 3 des Ausführungsgesetzes vom 22. Mai 1910 und die Ausführungsverordnung vom 12. Juli 1910; abgedruckt unten S. 92, 93.

zu treffen, soweit als diese Abkommen den Urhebern weitergehende Rechte, als ihnen durch den Verband gewährt werden, einräumen oder Bestimmungen enthalten, welche dieser Übereinkunft nicht zuwiderlaufen. Die Vereinbarungen in bestehenden Abkommen, die mit den ebengenannten Bedingungen übereinstimmen, bleiben in Geltung.[1])

Art. 21.

Das unter dem Namen „Bureau des internationalen Verbandes zum Schutze von Werken der Literatur und Kunst" errichtete internationale Amt wird beibehalten.

Dieses Bureau ist unter den hohen Schutz der Regierung der Schweizerischen Eidgenossenschaft gestellt, welche die Organisation des Bureaus regelt und seinen Dienst beaufsichtigt.

Die Geschäftssprache des internationalen Bureaus ist die französische.

Art. 22.

Das internationale Bureau sammelt Nachrichten aller Art, welche sich auf den Schutz des Urheberrechts an Werken der Literatur und Kunst beziehen; es ordnet dieselben und veröffentlicht sie. Es stellt Untersuchungen an, welche von gemeinsamem Nutzen und von Interesse für den Verband sind, und gibt auf Grund der Dokumente, welche ihm die verschiedenen Regierungen zur Verfügung stellen werden,

[1]) Vgl. die unten abgedruckten Abkommen mit Frankreich, Belgien, Italien, ferner Österreich-Ungarn sowie den Vereinigten Staaten von Amerika.

eine periodische Zeitschrift in französischer Sprache über die den Gegenstand des Verbandes betreffenden Fragen heraus. Die Regierungen der Verbandsländer behalten sich vor, nach erfolgter allseitiger Zustimmung das Bureau zur Veröffentlichung einer Ausgabe in einer oder mehreren anderen Sprachen zu ermächtigen, für den Fall, daß sich hierfür ein Bedürfnis durch die Erfahrung herausstellen sollte.

Das internationale Bureau hat sich jederzeit zur Verfügung der Verbandsmitglieder bereit zu halten, um denselben über Fragen, betreffend den Schutz von Werken der Literatur und Kunst, die besonderen Auskünfte zu erteilen, deren sie etwa bedürfen.

Der Direktor des Bureaus erstattet über seine Geschäftsführung einen Jahresbericht, welcher allen Verbandsmitgliedern mitgeteilt wird.

Art. 23.

Die Kosten des Bureaus des internationalen Verbandes werden gemeinschaftlich von den vertragschließenden Ländern getragen. Bis zu neuer Beschlußfassung dürfen sie die Summe von sechzigtausend Franken jährlich nicht übersteigen. Diese Summe kann nötigenfalls erhöht werden durch einfachen Beschluß einer der im Artikel 24 vorgesehenen Konferenzen.

Behufs Festsetzung des Beitrags eines jeden Landes zu dieser Gesamtkostensumme werden die vertragschließenden und die etwa später dem Verbande beitretenden Länder in sechs Klassen geteilt, von denen eine jede in dem Verhältnis einer gewissen Anzahl von Einheiten beiträgt, nämlich:

die	1. Klasse	 25	Einheiten,
"	2. "	 20	"
"	3. "	 15	"
"	4. "	 10	"
"	5. "	 5	"
"	6. "	 3	"

Diese Koeffizienten werden mit der Zahl der Länder einer jeden Klasse multipliziert, und die Summe der so gewonnenen Ziffern gibt die Zahl der Einheiten, durch welche der Gesamtkostenbetrag zu dividieren ist. Der Quotient ergibt den Betrag der Kosteneinheit.

Jedes Land erklärt bei seinem Beitritt, in welche der oben genannten Klassen es einzutreten wünscht.

Die Schweizerische Regierung stellt das Budget des Bureaus auf, überwacht dessen Ausgaben, leistet die nötigen Vorschüsse und stellt die Jahresrechnung auf, welche allen übrigen Regierungen mitgeteilt wird.

Art. 24.

Diese Übereinkunft kann Revisionen unterzogen werden behufs Einführung von Verbesserungen, welche geeignet sind, das System des Verbandes zu vervollkommnen.

Derartige, sowie solche Fragen, welche in anderen Beziehungen die Entwickelung des Verbandes berühren, sollen auf Konferenzen erörtert werden, welche der Reihe nach in den einzelnen Verbandsländern durch Delegierte derselben abzuhalten sind. Die

Regierung des Landes, in welchem eine Konferenz tagen soll, bereitet unter Mitwirkung des internationalen Bureaus die Arbeiten dieser Konferenz vor. Der Direktor des Bureaus wohnt den Konferenzsitzungen bei und nimmt an den Verhandlungen ohne beschließende Stimme teil.

Eine jede Änderung dieser Übereinkunft bedarf zu ihrer Gültigkeit für den Verband der einhelligen Zustimmung der Verbandsländer.

Art. 25.

Denjenigen Ländern, welche dem Verbande nicht angehören, und welche den gesetzlichen Schutz der den Gegenstand dieser Übereinkunft bildenden Rechte gewährleisten, soll auf ihren Wunsch der Beitritt gestattet sein.

Dieser Beitritt soll schriftlich der Regierung der Schweizerschen Eidgenossenschaft und von dieser allen übrigen Regierungen bekannt gegeben werden.

Derselbe bewirkt von Rechts wegen die Unterwerfung unter alle verpflichtenden Bestimmungen und die Teilnahme an allen Vorteilen dieser Übereinkunft. Er kann jedoch die Bezeichnung derjenigen Bestimmungen der Übereinkunft vom 9. September 1886 oder der Zusatzakte vom 4. Mai 1896 enthalten, die diese Länder vorläufig wenigstens an die Stelle der entsprechenden Bestimmungen dieser Übereinkunft zu setzen für nötig halten.

Art. 26.

Die Verbandsländer haben jederzeit das Recht, dieser Übereinkunft für ihre Kolonien oder auswärtigen Besitzungen beizutreten.

Zu diesem Behufe können sie entweder eine allgemeine Erklärung abgeben, nach welcher alle ihre Kolonien oder Besitzungen in den Beitritt einbegriffen sind, oder diejenigen besonders benennen, welche darin einbegriffen, oder sich darauf beschränken, diejenigen zu bezeichnen, welche davon ausgeschlossen sein sollen.

Diese Erklärung soll schriftlich der Regierung der Schweizerischen Eidgenossenschaft und von dieser allen übrigen Regierungen bekannt gegeben werden.

Art. 27.

Diese Übereinkunft tritt in den Beziehungen zwischen den Verbandsstaaten an Stelle der Übereinkunft von Bern vom 9. September 1886 einschließlich des Zusatzartikels und des Schlußprotokolls vom gleichen Tage sowie der Zusatzakte und der erläuternden Deklaration vom 4. Mai 1896. Die vorgenannten Vertragsakte sollen in den Beziehungen zwischen denjenigen Staaten, die diese Übereinkunft nicht ratifizieren sollten, in Wirksamkeit bleiben.

Diejenigen Staaten, welche diese Übereinkunft unterzeichnet haben, können beim Austausch der Ratifikationsurkunden erklären, daß sie hinsichtlich des einen oder des anderen Punktes durch die Bestimmungen der Übereinkommen, die sie früher unterzeichnet hatten, gebunden zu bleiben wünschen.[1])

Art. 28.

Diese Übereinkunft soll ratifiziert und die Ratifikationsurkunden sollen in Berlin spätestens am 1. Juli 1910 ausgetauscht werden.

---

[1]) Vgl. die unten abgedruckten Vorbehalte.

Jeder vertragschließende Teil wird für den Austausch der Ratifikationsurkunden ein einziges Instrument übergeben, das zusammen mit denjenigen der übrigen Staaten in den Archiven der Regierung der Schweizerischen Eidgenossenschaft niedergelegt werden soll. Jeder Teil erhält dafür ein Exemplar des Protokolls über den Austausch der Ratifikationsurkunden, das von den Bevollmächtigten, die am Austausche teilnehmen, unterzeichnet ist.

Art. 29.

Diese Übereinkunft wird drei Monate nach dem Austausche der Ratifikationsurkunden in Kraft gesetzt werden, sowie für unbestimmte Zeit und im Falle einer Kündigung bis zum Ablauf eines Jahres von dem Tage der Kündigung ab in Wirksamkeit bleiben.

Diese Kündigung soll an die Regierung der Schweizerischen Eidgenossenschaft gerichtet werden. Sie soll nur in Beziehung auf dasjenige Land Wirksamkeit haben, von dem sie ausgegangen ist, während die Übereinkunft für die übrigen Verbandsstaaten weiter in Kraft bleiben soll.

Art. 30.

Die Staaten, welche in ihre Gesetzgebung die in Artikel 7 Abs. 1 dieser Übereinkunft vorgesehene Schutzdauer von fünfzig Jahren einführen, werden davon der Regierung der Schweizerischen Eidgenossenschaft durch eine schriftliche Erklärung Kenntnis geben, die durch diese Regierung alsbald allen anderen Verbandsstaaten mitgeteilt werden wird.

Das Gleiche gilt für die Staaten, welche auf die von ihnen in Gemäßheit der Artikel 25, 26 und 27 gemachten Vorbehalte verzichten.

Zu Urkund dessen haben die betreffenden Bevollmächtigten diese Übereinkunft vollzogen und ihre Siegel beigedrückt.

So geschehen zu Berlin, am 13. November 1908 in einem einzigen Exemplare, das in den Archiven der Regierung der Schweizerischen Eidgenossenschaft niedergelegt werden soll und von dem Abdrücke, gleichmäßig beglaubigt, auf diplomatischem Wege den vertragschließenden Staaten übermittelt werden.

Die vorstehende Übereinkunft ist von den Verbandsstaaten Deutschland, Belgien, Frankreich, Haiti, Japan, Liberia, Luxemburg, Monaco, der Schweiz und Tunis ratifiziert worden; die Ratifikationsurkunden sind gemäß den Bestimmungen des Artikels 28 zu Protokoll vom 9. Juni 1910 in Berlin niedergelegt und sodann den Archiven der Regierung der Schweizerischen Eidgenossenschaft einverleibt worden.

Bei der Ratifikation haben Frankreich (zugleich für Tunis) und Japan in Gemäßheit von Artikel 27 Abs. 2 der Übereinkunft nachstehende Vorbehalte gemacht:

I. Frankreich (zugleich für Tunis).

(Übersetzung.)

Was die Werke der angewandten Kunst betrifft, so werden die Französische und die Tunesische Regierung an die Bestimmungen der früheren Abkommen des Verbandes zum Schutze von Werken der Literatur und Kunst gebunden bleiben.

II. Japan.

(Übersetzung.)

1. Was das ausschließliche Recht der Urheber betrifft, ihre Werke zu übersetzen oder die Übersetzung zu gestatten, so erklärt die Kaiserlich Japanische Regierung, daß sie, anstatt dem Artikel 8 der vorerwähnten Übereinkunft beizutreten, noch durch die Bestimmungen des Artikel 5 der Berner Übereinkunft vom 9. September 1886, abgeändert durch Nr. III des Artikel 1 der am 4. Mai 1896 in Paris unterzeichneten Zusatzakte, gebunden bleibt.

2. Was die öffentliche Aufführung von Werken der Tonkunst betrifft, so erklärt die Kaiserlich Japanische Regierung, daß sie, anstatt dem Artikel 11 der gedachten revidierten Übereinkunft vom 13. November 1908 beizutreten, durch die Bestimmungen des Absatzes 3 von Artikel 9 der Berner Übereinkunft vom 9. September 1886 gebunden bleibt.

---

a) Bekanntmachung, betreffend die Ratifikation der revidierten Berner Übereinkunft zum Schutze von Werken der Literatur und Kunst vom 13. November 1908 durch Spanien und Norwegen.

Vom 26. Oktober 1910. (RGBl. 1910 S. 1096).

Nach Mitteilungen der Schweizerischen Regierung haben Spanien und Norwegen die revidierte Berner Übereinkunft zum Schutze von Werken der Literatur und Kunst vom 13. November 1908 (RGBl. 1910 S. 965) ratifiziert und am 9. September 1910 in Kraft gesetzt. Dabei hat Norwegen in Gemäßheit von Artikel 27 der Übereinkunft nachstehende Vorbehalte gemacht:

(Übersetzung.)

a) Was die Werke der Baukunst betrifft, so erklärt die Königlich Norwegische Regierung, daß sie, anstatt der Bestimmung des Artikel 2 der vorerwähnten Übereinkunft beizutreten, wonach der Ausdruck „Werke der Literatur und Kunst" die Werke der Baukunst umfaßt, durch Artikel 4 der Berner Übereinkunft vom 9. September 1886 gebunden bleibt, soweit dieser vorsieht, daß der Ausdruck „Werke der Literatur und Kunst" die „architektonischen Pläne, Skizzen und Darstellungen plastischer Art" umfaßt.

b) Was den Abdruck von Artikeln aus Zeitungen und periodischen Zeitschriften betrifft, so erklärt die Königlich Norwegische Regierung, daß sie, anstatt dem Artikel 9 der gedachten revidierten Übereinkunft vom 13. November 1908 beizutreten, durch Artikel 7 der Berner Übereinkunft vom 9. September 1886 gebunden bleibt.

c) Was die Anwendung der Bestimmungen der revidierten Berner Übereinkunft auf Werke betrifft, die beim Inkrafttreten der Übereinkunft noch nicht in ihrem Ursprungslande Gemeingut geworden sind, so erklärt die Königlich Norwegische Regierung, daß sie, anstatt dem Artikel 18 der gedachten Übereinkunft beizutreten, durch Artikel 14 der Berner Übereinkunft vom 9. September 1886 gebunden bleibt.

Berlin, den 26. Oktober 1910.

Der Reichskanzler.

Im Auftrage:

von Koerner.

b) Ausführungsgesetz zur Berner Übereinkunft.

Vom 22. Mai 1910. (RGBl. 1910 S 793).

Art. IV.[1])

In Ausführung des Artikel 9 Abs. 2, des Artikel 13 Abs. 2 und des Artikel 18 Abs. 3 der revidierten Berner Übereinkunft zum Schutze von Werken der Literatur und Kunst vom 13. November 1908 wird bestimmt:

§ 1.

Wer der Bestimmung des Artikel 9 Abs. 2 Satz 1 der Übereinkunft zuwider es unterläßt, die benutzte Quelle anzugeben, wird nach § 44 des Gesetzes, betreffend das Urheberrecht an Werken der Literatur und der Tonkunst, vom 19. Juni 1901 (RGBl. S. 227) bestraft.

§ 2.

Auf die nach Artikel 13 Abs. 1 der Übereinkunft den Urhebern von Werken der Tonkunst zustehenden Befugnisse finden die Vorschriften der §§ 22 bis 22c und des § 63a Abs. 2 in der Fassung des gegenwärtigen Gesetzes Anwendung. Die Bestimmung des Artikel 13 Abs. 3 der Übereinkunft bleibt unberührt.

§ 3.

Die im Artikel 18 Abs. 3 der Übereinkunft vorbehaltene Regelung der Anwendung des im Artikel 18 Abs. 1 enthaltenen Grundsatzes erfolgt durch Kaiserliche Verordnung[2]) mit Zustimmung des Bundesrats.

[1]) Die Artikel I—III enthalten Abänderungen der Hauptgesetze, die schon im Text berücksichtigt sind; siehe oben S. 1.
[2]) Unten abgedruckt.

Art. V.

Dieses Gesetz tritt gleichmäßig mit der revidierten Berner Übereinkunft zum Schutze von Werken der Literatur und Kunst vom 13. November 1908 in Kraft.

Urkundlich unter Unserer Höchsteigenhändigen Unterschrift und beigedrucktem Kaiserlichen Insiegel.

Gegeben Buckingham Palace London, den 22. Mai 1910.

(L. S.) Wilhelm.

von Bethmann Hollweg.

---

c) Verordnung zur Ausführung der am 13. November 1908 zu Berlin abgeschlossenen revidierten Berner Übereinkunft zum Schutze von Werken der Literatur und Kunst.

Vom 12. Juli 1910. (RGBl. 1910 S. 989).

Wir Wilhelm, von Gottes Gnaden ꝛc. verordnen im Namen des Reichs, auf Grund des Artikel IV § 3 des Gesetzes zur Ausführung der revidierten Berner Übereinkunft zum Schutze von Werken der Literatur und Kunst vom 13. November 1908 (RGBl. 1910 S. 793), nach erfolgter Zustimmung des Bundesrats, was folgt:

§ 1.

Die im Artikel 18 der Übereinkunft vorgesehene Anwendung ihrer Bestimmungen auf alle Werke, die beim Inkrafttreten der Übereinkunft noch nicht im Ursprungslande zufolge des Ablaufs der Schutzfrist Gemeingut geworden sind, unterliegt, soweit nicht nach Artikel 18 Abs. 3 der Übereinkunft bestehende Verträge Platz greifen und unbeschadet der im Artikel IV § 2 des Ausführungsgesetzes getroffenen Vorschriften über die Benutzung von Werken der Tonkunst zur Wiedergabe auf mechanischen Musikinstrumenten, den nachstehenden Einschränkungen.

1. Soweit eine Vervielfältigung, die nach dem Inkrafttreten der Übereinkunft unzulässig ist, bisher erlaubt war, dürfen die vorhandenen Vorrichtungen, wie Formen, Platten, Steine, Stereotypen, noch bis zum Ablauf von drei Jahren benutzt werden. Vorrichtungen, deren Herstellung begonnen war, dürfen fertiggestellt und bis zu demselben Zeitpunkt benutzt werden. Die Verbreitung der gemäß diesen Vorschriften hergestellten sowie der bereits vor dem Inkrafttreten der Übereinkunft vollendeten Exemplare ist zulässig.
2. Für choreographische und pantomimische Werke, bei denen der Bühnenvorgang in anderer Weise als schriftlich festgelegt ist, genießt der Urheber den Schutz der Übereinkunft gegenüber denjenigen nicht, welche vor dem Inkrafttreten der Übereinkunft das Werk erlaubterweise vervielfältigt, verbreitet oder öffentlich aufgeführt haben.
3. War vor dem Inkrafttreten der Übereinkunft eine Übersetzung erlaubterweise ganz oder zum Teil erschienen, so bleibt die Befugnis

des Übersetzers zur Vervielfältigung, Verbreitung und Aufführung dieser Übersetzung unberührt.

4. Dramatische oder dramatisch-musikalische Werke, welche in einem anderen Verbandslande veröffentlicht oder aufgeführt und vor dem Inkrafttreten der Übereinkunft im Original oder in Übersetzung in Deutschland erlaubterweise öffentlich aufgeführt sind, genießen keinen Schutz gegen Aufführung im Original oder in Übersetzung.

5. Ein Werk der Tonkunst, das bis zu dem Inkrafttreten der Übereinkunft gegen öffentliche Aufführung mangels eines diese untersagenden Vermerkes nicht geschützt war, kann auch künftig ohne Einwilligung des Urhebers öffentlich aufgeführt werden, wenn der Aufführende Partituren oder Notenblätter benutzt, die einen Verbotsvermerk nicht tragen und die sich bereits vor dem Inkrafttreten der Übereinkunft in seinem Besitze befanden.

6. Ist vor dem Inkrafttreten der Übereinkunft ein Werk in Deutschland erlaubterweise im Wege der Kinematographie oder eines ihr ähnlichen Verfahrens wiedergegeben worden, so bleibt für den Bearbeiter sowie für diejenigen, welcher die Wiedergabe erlaubterweise verbreitet oder aufgeführt haben, die Befugnis zur Vervielfältigung, Verbreitung und öffentlichen Vorführung dieser Wiedergabe unberührt. Das Gleiche gilt zu Gunsten derjenigen, welche ein selbständiges, im Wege

der Kinematographie oder eines ihr ähnliches Verfahrens zustande gekommenes Erzeugnis vor dem Inkrafttreten der Übereinkunft in Deutschland erlaubterweise vervielfältigt, verbreitet oder öffentlich vorgeführt haben.

§ 2.

Im Verhältnisse zu einem Staate, demgegenüber die revidierte Übereinkunft nach dem in ihrem Artikel 29 bezeichneten Zeitpunkt Geltung erlangt, finden die Vorschriften des § 1 entsprechende Anwendung. Soweit danach der Zeitpunkt des Inkrafttretens der Übereinkunft entscheidet, ist der Zeitpunkt maßgebend, in dem die revidierte Übereinkunft im Verhältnisse zu diesem Staate Geltung erlangt.

§ 3.

Durch die Vorschriften dieser Verordnung werden die Einschränkungen nicht berührt, denen auf Grund der Verordnungen vom 11. Juli 1888 (RGBl. S. 225) und vom 29. November 1897 (RGBl. S. 787) die Rückwirkung der Bestimmungen der Übereinkunft vom 9. September 1886 und der Zusatzabkommen vom 4. Mai 1896 unterliegt.

Urkundlich Unserer Höchsteigenhändigen Unterschrift und beigedrucktem Kaiserlichen Insiegel.

Gegeben Bergen, an Bord M. Y. „Hohenzollern", den 12. Juli 1910.

Wilhelm.

(L. S.)

von Bethmann Hollweg.

5. Übereinkommen zwischen dem Reich und den Vereinigten Staaten von Amerika über den gegenseitigen Schutz der Urheberrechte.

Vom 15. Januar 1892. (RGBl. 1892 S. 473.)

Art. 1.

Die Bürger der Vereinigten Staaten von Amerika sollen im Deutschen Reich den Schutz des Urheberrechts bezüglich der Werke der Literatur und Kunst sowie den Schutz der Photographien gegen unbefugte Nachbildung auf derselben Grundlage genießen, wie solcher den Reichsangehörigen gesetzlich zusteht.

Art. 2.

Dagegen übernimmt die Regierung der Vereinigten Staaten die Verpflichtung, daß der Präsident der Vereinigten Staaten in Gemäßheit der Sektion 13 der Kongreßakte vom 3. März 1891 die hierin vorgesehene Proklamation behufs Ausdehnung der Bestimmungen dieses Gesetzes auf deutsche Reichsangehörige erlassen wird, sobald der Staatssekretär amtlich davon in Kenntnis gesetzt worden ist, daß deutscherseits das gegenwärtige Abkommen die erforderliche gesetzgeberische Genehmigung erhalten hat.

Art. 3.

Das gegenwärtige Abkommen soll ratifiziert und die Ratifikationsurkunden sollen sobald als möglich in Washington ausgetauscht werden.

Das Abkommen tritt mit dem Ablaufe von drei Wochen von dem Tage des Austausches der Ratifikationsurkunden ab in Kraft und findet nur auf die zur Zeit seines Inkrafttretens noch nicht veröffentlichten Werke Anwendung. Dasselbe bleibt in Wirksamkeit bis zum Ablaufe von drei Monaten nach erfolgter Kündigung seitens eines der vertragschließenden Teile.

Vollzogen zu Washington in zweifacher Ausfertigung in deutscher und in englischer Sprache am 15. Januar 1892.

(L. S.) A. von Mumm.

(L. S.) James G. Blaine.

Das vorstehende Übereinkommen ist ratifiziert worden und die Auswechselung der Ratifikationsurkunden hat am 15. April 1892 in Washington stattgefunden.

6. Übereinkommen betreffend den Schutz der Urheberrechte an Werken der Literatur, Kunst und Photographie zwischen dem Deutschen Reich und Österreich-Ungarn.

Vom 30. Dezember 1899. (RGBl. 1901 S. 131).

Art. I.

Jedes Werk der Literatur, der Kunst und der Photographie, welches in den Staatsgebieten eines der vertragschließenden Teile einheimisch ist, wird in den Staatsgebieten des anderen Teiles, wenn es nicht auch dort als einheimisch anzusehen ist, den dort für Werke gleicher Art durch die inländische Gesetzgebung jeweils gewährten Schutz auf Grund dieses Übereinkommens genießen.

Der vertragsmäßige Schutz wird jedoch nicht gewährt, wenn das Werk dort, wo es einheimisch ist, überhaupt keinen gesetzlichen Schutz genießt. Er soll ferner nicht länger bestehen, als der gesetzliche Schutz dort dauert, wo das Werk einheimisch ist.

Art. II.

Als einheimisch gilt ein Werk, wenn auf dasselbe vermöge seines Erscheinungsorts oder vermöge der

Staatsangehörigkeit oder des Wohnsitzes seines Urhebers die betreffende inländische Gesetzgebung Anwendung findet.

Art. III.

Im Verhältnisse zwischen dem Deutschen Reiche und den im Österreichischen Reichsrate vertretenen Königreichen und Ländern ist der vertragsmäßige Schutz von der Erfüllung nur der Bedingungen und Förmlichkeiten abhängig, welche durch die Gesetzgebung des Teiles vorgeschrieben sind, in dessen Gebiete das betreffende Werk einheimisch ist.

Dagegen ist im Verhältnisse zwischen den Ländern der Ungarischen Krone und dem Deutschen Reiche der vertragsmäßige Schutz davon abhängig, daß hinsichtlich der Bedingungen und Förmlichkeiten nicht nur den Gesetzen und Vorschriften des vertragsschließenden Teiles, in dessen Gebiete das Werk einheimisch ist, sondern auch den Gesetzen und Vorschriften des anderen Teiles, in dessen Gebiete der vertragsmäßige Schutz gewährt werden soll, entsprochen worden ist.

Als Bedingungen und Förmlichkeiten im Sinne dieses Artikels sind insbesondere der Vorbehalt des Übersetzungsrechts und der Beginn der Übersetzung innerhalb einer bestimmten Frist anzusehen; das Gleiche gilt von dem Vorbehalte des Rechtes der öffentlichen Aufführung bei musikalischen Werken.

Art. IV.

Das ausschließliche Übersetzungsrecht dauert hinsichtlich der Sprachen, in denen nicht eine rechtmäßige und vollständige Übersetzung herausgegeben worden ist, keinenfalls länger als drei Jahre nach der Herausgabe des Werkes.

Bezüglich der Sprachen, in denen eine solche Übersetzung rechtzeitig herausgegeben ist, endigt das Übersetzungsrecht erst fünf Jahre nach dieser Herausgabe.

Bei Berechnung der Fristen ist das Kalenderjahr der Herausgabe des Werkes oder der Übersetzung nicht mitzuzählen.

Art. V.

Die durch dieses Übereinkommen gewährleisteten Rechte stehen nicht nur den Urhebern, sondern auch ihren Rechtsnachfolgern, mit Einschluß der Verleger, zu, gleichviel ob das Urheberrecht als solches oder nur zur Ausübung auf den Rechtsnachfolger übergegangen ist.

Damit die Urheber bis zum Beweise des Gegenteils als solche angesehen und demgemäß von den Gerichten der vertragschließenden Teile zur Verfolgung ihrer Rechte zugelassen werden, genügt es, wenn ihr Name in der üblichen Weise auf dem Werke angegeben ist.

Bei anonymen oder pseudonymen Werken ist der Herausgeber, und wenn ein solcher nicht oder nicht mit seinem wahren Namen angegeben ist, der Verleger berechtigt, die dem Urheber zustehenden Rechte wahrzunehmen.

Der Herausgeber und der Verleger gelten in diesen Fällen ohne weiteren Beweis als Rechtsnachfolger des anonymen oder pseudonymen Urhebers.

Art. VI.

Die Bestimmungen des gegenwärtigen Übereinkommens sollen in keiner Beziehung das jedem der beiden vertragschließenden Teile zustehende Recht beeinträchtigen, durch Maßregeln der Gesetzgebung oder inneren Verwaltung die Verbreitung, die Aufführung, die Ausstellung oder das Feilbieten eines jeden Werkes oder Erzeugnisses zu überwachen oder zu untersagen.

Jedem der beiden vertragschließenden Teile bleibt gleicherweise das Recht gewahrt, im eigenen Gebiete die Einfuhr solcher Werke zu verbieten, welche nach seinen inneren Gesetzen oder in Gemäßheit seiner Verabredungen mit anderen Mächten als unerlaubte Wiedergabe erklärt sind oder erklärt werden.

Art. VII.

Die Bestimmungen dieses Übereinkommens sollen auch auf die vor Beginn der Wirksamkeit desselben vorhandenen Werke Anwendung finden. Jedoch können begonnene Vervielfältigungen und Nachbildungen, deren Herstellung bisher nicht verboten war, vollendet und gleich den bereits erlaubterweise hergestellten verbreitet werden.

Desgleichen können die Vorrichtungen zur Vervielfältigung oder Nachbildung (Abdrücke, Abgüsse, Platten, Steine und Formen), deren Herstellung bisher nicht verboten war, zu besagtem Zwecke noch während eines Zeitraumes von vier Jahren, vom Beginne der Wirksamkeit des gegenwärtigen Übereinkommens an, benutzt werden.

Die Verbreitung solcher Vervielfältigungen oder Nachbildungen und die fernere Benutzung der bezeichneten Vorrichtungen ist aber nur dann gestattet, wenn diese Gegenstände infolge eines von der beteiligten Partei binnen drei Monaten nach Beginn der Wirksamkeit des gegenwärtigen Übereinkommens gestellten Ansuchens in einem Inventare verzeichnet und mit einem besonderen Stempel versehen worden sind. Die näheren Bestimmungen hierüber werden durch die Verwaltungsbehörden getroffen.[1])

Die vor Beginn der Wirksamkeit des gegenwärtigen Übereinkommens rechtmäßig zur Aufführung gebrachten dramatischen, musikalischen und dramatisch-musikalischen Werke können auch ferner frei aufgeführt werden.

Art. VIII.

Das gegenwärtige Übereinkommen wird durch zehn Jahre von dem Tage ab, an welchem es in Wirksamkeit tritt, in Kraft bleiben.

In dem Falle, daß keiner der vertragschließenden Teile zwölf Monate vor dem Ablaufe des zehnjährigen Zeitraums das gegenwärtige Übereinkommen aufkündigt, bleibt dasselbe in Kraft bis zum Ablauf eines Jahres, von dem Tage ab gerechnet, an welchem einer der vertragschließenden Teile die Kündignng erklärt.

Art. IX.

Das gegenwärtige Übereinkommen soll ratifiziert, und die Ratifikationsurkunden sollen sobald als

[1]) Vgl. die unten (Nr. 7) abgedruckte Bekanntmachung.

möglich in Berlin ausgetauscht werden; es wird mit Beginn des fünfzehnten Tages nach dem Tage, an welchem der Austausch der Ratifikationen erfolgt ist, in Wirksamkeit treten.

Zu Urkund dessen haben die beiderseitigen Bevollmächtigten das Übereinkommen unterzeichnet und mit ihrem Wappen gesiegelt.

So geschehen in zweifacher Ausfertigung in Berlin, am 30. Dezember im Jahre Eintausend achthundertneunundneunzig.

(L. S.) Bülow.

(L. S.) Szögyény.

Das vorstehende Übereinkommen ist ratifiziert worden und die Auswechselung der Ratifikationen hat am 9. Mai 1901 in Berlin stattgefunden.

7. Bekanntmachung, betreffend die Ausführung des Übereinkommens zwischen dem Deutschen Reiche und Österreich-Ungarn zum Schutze der Urheberrechte an Werken der Literatur, Kunst und Photographie.

Vom 17. Mai 1901. (Zentralbl. 1901 S. 130).

Das mit dem 24. Mai d. J. in Kraft tretende Übereinkommen zwischen dem Deutschen Reiche und Österreich-Ungarn zum Schutze der Urheberrechte an Werken der Literatur, Kunst und Photographie, vom 30. Dezember 1899 (RGBl. 1901 S. 131) findet auf Werke, die bereits vor dem bezeichneten Tage vorhanden waren, mit den im Art. VII des Abkommens vorgesehenen Einschränkungen Anwendung. Soweit hiernach Werke, die aus Österreich-Ungarn herrühren, einen Schutz erlangen, der ihnen bisher nicht gewährt war, sind vom Bundesrate die nachfolgenden

Bestimmungen über die Abstempelung und Inventarisierung der im Artikel VII bezeichneten Exemplare und Vorrichtungen

erlassen worden:

§ 1.

Wer sich im Besitze solcher Exemplare von Schriftwerken, Abbildungen, Zeichnungen, musikalischen Kompositionen, Werken der bildenden Künste oder

der Photographie befindet, welche am 24. Mai 1901 schon hergestellt waren oder deren Herstellung an diesem Tage im Gange war, hat die Exemplare, wenn er sie verkaufen oder verbreiten will, bis zum 23. August 1901 einschließlich der Polizeibehörde seines Wohnorts zur Abstempelung vorzulegen.

Sortimentsbuchhändler, Kommissionäre usw., welche solche Exemplare besitzen, können sie namens der Verleger oder ihrer Auftraggeber zur Abstempelung vorlegen, ohne daß es einer besonderen Vollmacht bedarf.

§ 2.

Die Polizeibehörde stellt ein genaues Verzeichnis der ihr vorgelegten Exemplare nach dem nachstehenden Muster A auf und bedruckt demnächst jedes einzelne Exemplar mit ihrem Dienststempel.

§ 3.

Wer sich im Besitze von Vorrichtungen zur Vervielfältigung oder Nachbildung (Abdrücken, Abgüssen, Platten, Steinen und Formen) befindet und sie noch ferner, und zwar längstens bis zum 23. Mai 1905, zur Herstellung von Exemplaren benutzen will, hat die Vorrichtungen bis zum 23. August 1901 einschließlich der Polizeibehörde seines Wohnorts zur Abstempelung vorzulegen.

Die Exemplare selbst, welche mit Hilfe der gestempelten Vorrichtungen hergestellt sind, bedürfen eines Stempels nicht. Auf Verlangen sollen sie indessen ebenfalls abgestempelt werden.

Wer Exemplare der bezeichneten Art abgestempelt zu haben wünscht, hat sie bis zum 23. Mai 1905 einschließlich der Polizeibehörde vorzulegen.

§ 4.

Die Polizeibehörde stellt ein genaues Verzeichnis der ihr vorgelegten Vorrichtungen nach dem nachstehenden Muster B auf und bedruckt die Vorrichtungen demnächst, unter tunlichster Schonung derselben, mit ihrem Dienststempel und zwar in einer Weise, welche die Erhaltung des Stempelzeichens möglichst sicherstellt.

Sie stellt ferner, soweit ihr die mit jenen Vorrichtungen hergestellten Exemplare vorgelegt werden, ein genaues Verzeichnis dieser Exemplare nach dem im § 2 erwähnten Muster A auf und bedruckt demnächst jedes einzelne Exemplar mit ihrem Dienststempel.

§ 5.

Ob die Herstellung der Exemplare und die Benutzung der Vorrichtungen erlaubt war, hat die Polizeibehörde nicht zu prüfen; dagegen hat sie die Stempelung zu versagen, wenn sie ermittelt, daß die im § 1 bezeichneten Exemplare oder die im § 3 bezeichneten Vorrichtungen am 24. Mai 1901 noch nicht hergestellt waren, auch der Druck der Exemplare an diesem Tage noch nicht im Gange war, oder daß die im § 3 bezeichneten Exemplare mit Hilfe ungestempelter Vorrichtungen hergestellt worden sind.

§ 6.

Die Verzeichnisse werden binnen sechs Wochen nach ihrem Abschlusse von der Polizeibehörde an die zuständige Zentralbehörde im Geschäftsweg eingereicht und von der letzteren aufbewahrt. Einer Anzeige, daß bei der Polizeibehörde Exemplare oder

Vorrichtungen zur Abstempelung überhaupt nicht vorgelegt worden sind, bedarf es nicht.

§ 7.

Für die Eintragung und Abstempelung der Exemplare und Vorrichtungen werden Kosten nicht erhoben.

Berlin, den 17. Mai 1901.

Der Reichskanzler.
In Vertretung: Nieberding.

A.

Verzeichnis

der bei der unterzeichneten Polizeibehörde zur Abstempelung vorgelegten Exemplare.

Nr.	Tag der Vorlage	Name oder Firma des Vorlegenden	Titel der Schriftwerke, Abbildungen, Kompositionen usw.	Zahl der abgestempelten Exemplare

B.

Verzeichnis

der bei der unterzeichneten Polizeibehörde zur Abstempelung vorgelegten Vorrichtungen (Formen, Platten, Steine, Stereotypen usw.).

Nr.	Tag der Vorlage	Name oder Firma des Verlegenden	Titel des Schriftwerkes, der Abbildung, der Komposition usw., auf welche die Vorrichtung sich bezieht	Nähere Beschreibung (Form, Platte, Stein, Stereotypabguß usw.) der Vorrichtung und deren Größe

8. Übereinkunft zwischen Deutschland und Frankreich, betreffend den Schutz an Werken der Literatur und Kunst und an Photographien.

Vom 8. April 1907. (RGBl. 1907 S. 419).

Art. 1.

Die am 19. April 1883 zwischen Deutschland und Frankreich abgeschlossene Übereinkunft zum Schutze der Werke der Literatur und Kunst wird aufgehoben und durch die gegenwärtige Übereinkunft ersetzt.

Art. 2.

Zum Zwecke der Ergänzung der Bestimmungen der Berner Übereinkunft vom 9. September 1886, betreffend die Bildung eines internationalen Verbandes zum Schutze von Werken der Literatur und Kunst, und entsprechend den Festsetzungen der Zusatzakte und der Deklaration von Paris vom 4. Mai 1896 sind die beiden hohen vertragschließenden Teile über nachstehende Bestimmungen übereingekommen:

§ 1. Den Urhebern von Werken, welche zum ersten Male in dem Gebiet eines der beiden vertragschließenden Teile veröffentlicht worden sind, steht im Gebiete des anderen Teiles während der ganzen Dauer ihres Rechtes an dem Originalwerke das ausschließliche Recht zu, ihre Werke zu übersetzen oder deren Übersetzung zu gestatten, ohne daß es erforderlich wäre, daß der

Urheber von seinem ausschließlichen Recht der Übersetzung innerhalb der im Artikel 5 der Berner Übereinkunft vorgesehenen Frist von zehn Jahren Gebrauch gemacht hat.

§ 2. Die Urheber von Werken, welche zum ersten Male in dem Gebiet eines der beiden vertragschließenden Teile veröffentlicht worden sind, werden im Gebiete des anderen Teiles gegen öffentliche Aufführung ihrer musikalischen Werke ebenso wie die inländischen Urheber geschützt, auch wenn sie die öffentliche Aufführung nicht ausdrücklich untersagt haben.

Art 3.

Die gegenwärtige Übereinkunft findet auch auf die bereits vorhandenen Werke Anwendung, sofern sie zur Zeit des Inkrafttretens der gegenwärtigen Übereinkunft in ihrem Ursprungslande noch nicht Gemeingut geworden sind.

War jedoch vor dem Inkrafttreten dieser Übereinkunft eine Übersetzung erlaubterweise ganz oder zum Teil erschienen, so bleibt die Befugnis des Übersetzers zur Vervielfältigung, Verbreitung und Aufführung dieser Übersetzung unberührt.

Von dem Inkrafttreten der gegenwärtigen Übereinkunft an genießt ein bereits veröffentlichtes musikalisches Werk den Schutz, auch wenn es bis dahin mangels eines ausdrücklichen Verbots gegen öffentliche Aufführung nicht geschützt war. Jedoch ist die öffentliche Aufführung eines solchen Werkes ohne Einwilligung des Urhebers zulässig, wenn die Aufführenden Partituren oder Notenblätter benutzen, die einen Verbotsvermerk nicht tragen, und die sich bereits vor dem Inkrafttreten der gegenwärtigen Übereinkunft in ihrem Besitze befunden hatten.

Art. 4.

Der Genuß der Rechte, welche den Urhebern zustehen, die ihre Werke zum ersten Male in dem Gebiet eines der beiden vertragschließenden Teile veröffentlicht haben, ist von dem Nachweise der Erfüllung irgendwelcher Förmlichkeiten vor den Gerichten des anderen Teiles unabhängig.

Art. 5.

Die hohen vertragschließenden Teile sind darüber einverstanden, daß jeder weitergehende Vorteil oder Vorzug, welcher künftighin von seiten eines derselben einer dritten Macht in bezug auf den Schutz an Werken der Literatur und Kunst eingeräumt wird, den Urhebern des anderen Landes oder deren Rechtsnachfolgern ohne weiteres zustatten kommen soll.

Art. 6.

Die Werke der Photographie und die durch ein der Photographie ähnliches Verfahren hergestellten Werke genießen die durch die Bestimmungen der gegenwärtigen Übereinkunft festgesetzten Vorteile.

Art. 7.

Die gegenwärtige Übereinkunft soll einen Monat nach dem Austausche der Ratifikationsurkunden in

Kraft treten, und ihre Wirksamkeit soll bis zum Ablauf einer Frist von einem Jahre von dem Tage ab, an welchem sie von einem der hohen vertragschließenden Teile gekündigt wird, fortdauern.

Art. 8.

Die gegenwärtige Übereinkunft soll ratifiziert und die Ratifikationsurkunden sollen sobald als möglich in Paris ausgewechselt werden.

Zu Urkund dessen haben die beiderseitigen Bevollmächtigten die gegenwärtige Übereinkunft vollzogen und ihre Siegel beigedrückt.

So geschehen zu Paris, in doppelter Ausfertigung, den 8. April 1907.

(L. S.) Radolin.

(L. S.) S. Pichon.

Die vorstehende Übereinkunft ist ratifiziert worden und die Auswechselung der Ratifikationsurkunden hat am 31. Juli 1907 stattgefunden.

9. Bekanntmachung, betreffend einen Notenwechsel zwischen dem Auswärtigen Amte und der Botschaft der Französischen Republik in Berlin vom 13./14. November 1908 über den Beitritt der Deutschen Schutzgebiete und der Französischen Kolonien zu der deutsch-französischen Übereinkunft, betreffend den Schutz an Werken der Literatur und Kunst und an Photographien, vom 8. April 1907.

Vom 20. November 1908. (RGBl. 1908 S. 631).

Zwischen dem Auswärtigen Amte und der Botschaft der Französischen Republik in Berlin hat der nachstehende Notenwechsel stattgefunden.

Berlin, den 20. November 1908.

Der Reichskanzler.
Im Auftrage:
von Kiderlen-Waechter.

—

Der Unterzeichnete beehrt sich Seiner Exzellenz dem Botschafter der Französischen Republik, Herrn Jules Cambon, folgendes mitzuteilen:

Die Kaiserliche Regierung hat auf der Berliner Konferenz zur Revision der Berner Übereinkunft vom 9. September 1886, betreffend die Bildung eines internationalen Verbandes zum Schutze von Werken der Literatur und Kunst, durch die Deutsche

Delegation die Erklärung abgeben lassen, daß das Deutsche Reich gemäß Artikel 19 der genannten Übereinkunft für seine Schutzgebiete mit Wirkung vom 1. Januar 1909 ab der Berner Übereinkunft beitrete, vorbehaltlich der deshalb zu erlassenden Übergangsbestimmungen.

Die Kaiserliche Regierung ist der Ansicht, daß der Beitritt der Deutschen Schutzgebiete zur Berner Übereinkunft auch den Beitritt dieser Gebiete zu dem, nach seinem Artikel 2 in Ergänzung der Berner Übereinkunft getroffenen deutsch-französischen Spezialabkommen vom 8. April 1907 in sich schließt.

Der Unterzeichnete würde es mit Dank begrüßen, wenn Seine Exzellenz der Herr Botschafter ihm mitteilen wollte, ob seitens Seiner Regierung, welche bereits im Jahre 1886 für die Französischen Kolonien der Berner Übereinkunft beigetreten ist, diese Auffassung geteilt wird, und demgemäß das obenerwähnte Spezialabkommen auf die Französischen Kolonien anwendbar ist.

Der Unterzeichnete benutzt usw.

von Koerner.

Seiner Exzellenz dem Botschafter der Französischen Republik Herrn Jules Cambon.

Berlin, den 14. November 1908.

Herr Staatssekretär,

In Ihrem Schreiben vom 13. d. M. haben Sie mir mitgeteilt, daß nach einer von der Deutschen

Delegation auf der Berliner Konferenz zur Revision der Berner Übereinkunft vom 9. September 1886, betreffend die Bildung eines internationalen Verbandes zum Schutze von Werken der Literatur und Kunst, abgegebenen Erklärung, und gemäß Artikel 19 der genannten Übereinkunft, das Deutsche Reich für seine Schutzgebiete mit Wirkung vom 1. Januar 1909 ab der Berner Übereinkunft beitrete, vorbehaltlich der deshalb zu erlassenden Übergangsbestimmungen.

Sie haben dieser Mitteilung hinzugefügt, daß nach Ansicht der Kaiserlichen Regierung dieser Beitritt ipso jure auch den Beitritt der Deutschen Schutzgebiete zu dem deutsch-französischen Spezialabkommen vom 8. April 1907 in sich schließt, das nach seinem Artikel 2 lediglich eine Ergänzung der Berner Übereinkunft darstellt. Gleichzeitig haben Sie mich gefragt, ob seitens der Regierung der Französischen Republik, nachdem sie bereits im Jahre 1886 für ihre Kolonien der Berner Übereinkunft beigetreten ist, diese Auffassung geteilt wird, und das oben erwähnte Spezialabkommen auf die Französischen Kolonien Anwendung findet.

In Erwiderung dieser Anfrage beehre ich mich Ihnen mitzuteilen, daß die Regierung der Französischen Republik, welche die Ansicht der Kaiserlichen Regierung über diesen Gegenstand in der Tat teilt, mich zu der Erklärung ermächtigt hat, daß das erwähnte Spezialabkommen auch auf die Französischen Kolonien Anwendung findet. Es herrscht Einverständnis darüber, daß das Schreiben des Auswärtigen Amts vom 13. d. M. und dieses Schreiben als zwischen den beiden Regierungen zum Zwecke der Feststellung der erwähnten Übereinstimmung ausgetauschte Noten zu gelten haben.

Gestatten Sie, Herr Staatssekretär, usw.

Seiner Exzellenz
Herrn von Kiderlen-Waechter,
Staatssekretär des Auswärtigen
Amts a. i. usw usw.

10. Übereinkunft zwischen Deutschland und Belgien, betreffend den Schutz an Werken der Literatur und Kunst und an Photographien.

Vom 16. Oktober 1907. (RGBl. 1908 S. 405).

Art. 1.

Die am 12. Dezember 1883 zwischen Deutschland und Belgien abgeschlossene Übereinkunft zum Schutze der Werke der Literatur und Kunst wird aufgehoben und durch die gegenwärtige Übereinkunft ersetzt.

Art. 2.

Zum Zwecke der Ergänzung der Bestimmungen der Berner Übereinkunft vom 9. September 1886, betreffend die Bildung eines internationalen Verbandes zum Schutze von Werken der Literatur und Kunst, und entsprechend den Festsetzungen der Zusatzakte und der Deklaration von Paris vom 4. Mai 1896 sind die beiden hohen vertragschließenden Teile über nachstehende Bestimmungen übereingekommen:

§ 1. Den Urhebern von Werken, welche zum ersten Male in dem Gebiet eines der beiden vertragschließenden Teile veröffentlicht worden sind, steht im Gebiete des anderen Teiles während der ganzen Dauer ihres Rechtes an dem Originalwerke das ausschließliche Recht zu, ihre Werke zu übersetzen oder deren Übersetzung zu gestatten, ohne daß es erforderlich wäre, daß der Urheber von seinem ausschließlichen Rechte der Übersetzung innerhalb der im Artikel 5 der Berner Übereinkunft vorgesehenen Frist von zehn Jahren Gebrauch gemacht hat.

§ 2. Die Urheber von Werken, welche zum ersten Male in dem Gebiet eines der beiden vertragschließenden Teile veröffentlicht worden sind, werden im Gebiete des anderen Teiles gegen öffentliche Aufführung ihrer musikalischen Werke ebenso wie die inländischen Urheber geschützt, auch wenn sie die öffentliche Aufführung nicht ausdrücklich untersagt haben.

Art. 3.

Die gegenwärtige Übereinkunft findet auch auf die bereits vorhandenen Werke Anwendung, sofern sie zur Zeit des Inkrafttretens der gegenwärtigen Übereinkunft in ihrem Ursprungslande noch nicht Gemeingut geworden sind.

War jedoch vor dem Inkrafttreten dieser Übereinkunft eine Übersetzung erlaubterweise ganz oder zum Teil erschienen, so bleibt die Befugnis des Übersetzers zur Vervielfältigung, Verbreitung und Aufführung dieser Übersetzung unberührt.

Von dem Inkrafttreten der gegenwärtigen Übereinkunft an genießt ein bereits veröffentlichtes musikalisches Werk den Schutz, auch wenn es bis dahin mangels eines ausdrücklichen Verbots gegen öffentliche Aufführung nicht geschützt war. Jedoch ist die öffentliche Aufführung eines solchen Werkes ohne Einwilligung des Urhebers zulässig, wenn die Aufführenden Partituren oder Notenblätter benutzen, die einen Verbotsvermerk nicht tragen, und die sich bereits vor dem Inkrafttreten der gegenwärtigen Übereinkunft in ihrem Besitze befunden hatten.

Art. 4.

Der Genuß der Rechte, welche den Urhebern zustehen, die ihre Werke zum ersten Male in dem Gebiet eines der beiden vertragschließenden Teile veröffentlicht haben, ist von dem Nachweise der Erfüllung irgendwelcher Förmlichkeiten vor den Gerichten des anderen Teiles unabhängig.

Art. 5.

Die hohen vertragschließenden Teile sind darüber einverstanden, daß jeder weitergehende Vorteil oder Vorzug, welcher künftighin von seiten eines derselben einer dritten Macht in bezug auf den Schutz an Werken der Literatur und Kunst eingeräumt wird, den Urhebern des anderen Landes oder deren Rechtsnachfolgern ohne weiteres zustatten kommen soll.

Art. 6.

Die Werke der Photographie und die durch ein der Photographie ähnliches Verfahren hergestellten Werke genießen die durch die Bestimmungen der gegenwärtigen Übereinkunft festgesetzten Vorteile.

Art. 7.

Die gegenwärtige Übereinkunft soll einen Monat nach dem Austausche der Ratifikationsurkunden in in Kraft treten, und ihre Wirksamkeit soll bis zum Ablauf einer Frist von einem Jahre von dem Tage ab, an welchem sie von einem der hohen vertragschließenden Teile gekündigt wird, fortdauern.

Art. 8.

Die gegenwärtige Übereinkunft soll ratifiziert und die Ratifikationsurkunden sollen sobald als möglich in Brüssel ausgewechselt werden.

Zu Urkund dessen haben die beiderseitigen Bevollmächtigten die gegenwärtige Übereinkunft vollzogen und ihre Siegel beigedrückt.

So geschehen zu Brüssel, in doppelter Ausfertigung, den 16. Oktober 1907.

(L. S.) Graf von Wallwitz.

(L. S.) Davignon.

Die vorstehende Übereinkunft ist ratifiziert worden. Die Auswechselung der Ratifikationsurkunden hat am 12. Juni 1908 stattgefunden.

II. Übereinkunft zwischen Deutschland und Italien, betreffend den Schutz an Werken der Literatur und Kunst und an Photographien.

Vom 9. November 1907. (RGBl. 1908 S. 80).

Art. 1.

Die am 20. Juni 1884 zwischen Deutschland und Italien abgeschlossene Übereinkunft zum Schutze der Werke der Literatur und Kunst wird aufgehoben und durch die gegenwärtige Übereinkunft ersetzt.

Art. 2.

Zum Zwecke der Ergänzung der Bestimmungen der Berner Übereinkunft vom 9. September 1886, betreffend die Bildung eines internationalen Verbandes zum Schutze von Werken der Literatur und Kunst, und entsprechend den Festsetzungen der Zusatzakte und der Deklaration von Paris vom 4. Mai 1896 sind die beiden hohen vertragschließenden Teile über nachstehende Bestimmungen übereingekommen:

§ 1. Den Urhebern von Werken, welche zum ersten Male in dem Gebiet eines der beiden vertragschließenden Teile veröffentlicht worden sind, steht im Gebiete des anderen Teiles während der ganzen Dauer ihres Rechtes an dem Originalwerke das ausschließliche Recht zu, ihre Werke zu übersetzen oder deren Übersetzung zu gestatten, ohne daß es erforderlich wäre, daß der Urheber von seinem ausschließlichen Rechte der Übersetzung innerhalb der im Artikel 5 der Berner Übereinkunft vorgesehenen Frist von zehn Jahren Gebrauch gemacht hat.

§ 2. Die Urheber von Werken, welche zum ersten Male in dem Gebiet eines der beiden vertragschließenden Teile veröffentlicht worden sind, werden im Gebiete des anderen Teiles gegen öffentliche Aufführung ihrer musikalischen Werke auch dann geschützt, wenn sie die Aufführung, auf dem Titelblatt oder an der Spitze des Werkes, nicht ausdrücklich untersagt haben.

Art. 3.

Die gegenwärtige Übereinkunft findet auch auf die bereits vorhandenen Werke Anwendung, sofern sie zur Zeit des Inkrafttretens der gegenwärtigen Übereinkunft in ihrem Ursprungslande noch nicht Gemeingut geworden sind.

War jedoch vor dem Inkrafttreten dieser Übereinkunft eine Übersetzung erlaubterweise ganz oder zum Teil erschienen, so bleibt die Befugnis des Übersetzers zur Vervielfältigung, Verbreitung und Aufführung dieser Übersetzung unberührt. Die gleiche Befugnis wird dem Übersetzer auch für den Fall vorbehalten, daß eine Übersetzung im Laufe eines Jahres nach dem Inkrafttreten der gegenwärtigen Übereinkunft veröffentlicht wird, und der Urheber des Originalwerkes bei dem Inkrafttreten den Schutz gegen Übersetzung nicht genoß.

Von dem Inkrafttreten der gegenwärtigen Übereinkunft an genießt ein bereits veröffentlichtes musikalisches Werk den Schutz, auch wenn es bis dahin mangels eines ausdrücklichen Verbots gegen öffentliche Aufführung nicht geschützt war. Jedoch ist die öffentliche Aufführung eines solchen Werkes ohne Einwilligung des Urhebers zulässig, wenn die Aufführenden Partituren oder Notenblätter benutzen, die einen Verbotsvermerk nicht tragen, und die sich bereits vor dem Inkrafttreten der gegenwärtigen Übereinkunft in ihrem Besitze befunden hatten.

Art. 4.

Die öffentliche Darstellung oder Aufführung eines nach der Berner Übereinkunft oder der gegenwärtigen Übereinkunft geschützten Bühnenwerkes oder Werkes der Tonkunst wird in Italien von Amts wegen durch die Lokalbehörden verboten werden, wenn der Urheber bei dem Königlich Italienischen Ministerium für Landwirtschaft, Industrie und Handel oder bei einer italienischen Konsularbehörde in Deutschland die Erklärung abgegeben hat, daß er die öffentliche Aufführung im voraus jedem verbiete, der nicht durch schriftliche und beglaubigte Bescheinigungen seine Einwilligung nachweist. Für diese Erklärung ist die für die italienischen Urheber vorgeschriebene Gebühr zu entrichten, die in die italienische Staatskasse fließt. Die Urheber sind indessen zur Abgabe einer solchen Erklärung nicht verpflichtet. Durch ihre Unterlassung wird keines der den Urhebern durch die italienischen Gesetze, die Berner Übereinkunft und die gegenwärtige Übereinkunft gewährleisteten Rechte beeinträchtigt.

Art. 5.

Der Genuß der Rechte, welche den Urhebern zustehen, die ihre Werke zum ersten Male in dem Gebiet eines der beiden vertragschließenden Teile veröffentlicht haben, ist von dem Nachweise der Erfüllung irgendwelcher Förmlichkeiten vor den Gerichten des anderen Teiles unabhängig.

Art. 6.

Die hohen vertragschließenden Teile sind darüber einverstanden, daß jeder weitergehende Vorteil oder Vorzug, welcher künftighin von seiten eines derselben einer dritten Macht in bezug auf den Schutz an Werken der Literatur und Kunst eingeräumt wird, den Urhebern des anderen Landes oder deren Rechtsnachfolgern ohne weiteres zustatten kommen soll.

Art. 7.

Die Werke der Photographie und die durch ein der Photographie ähnliches Verfahren hergestellten Werke genießen die durch Bestimmungen der gegenwärtigen Übereinkunft festgesetzten Vorteile.

Art. 8.

Die gegenwärtige Übereinkunft soll einen Monat nach dem Austausche der Ratifikationsurkunden in Kraft treten, und ihre Wirksamkeit soll bis zum Ablauf einer Frist von einem Jahre von dem Tage ab, an welchem sie von einem der hohen vertragschließenden Teile gekündigt wird, fortdauern.

Art. 9.

Die gegenwärtige Übereinkunft soll ratifiziert und die Ratifikationsurkunden sollen sobald als möglich in Rom ausgewechselt werden.

Zu Urkund dessen haben die beiderseitigen Bevollmächtigten die gegenwärtige Übereinkunft vollzogen und ihre Siegel beigedrückt.

So geschehen zu Rom, in doppelter Ausfertigung, den 9. November 1907.

(L. S.) Monts. (L. S.) Tom. Tittoni.

Die vorstehende Übereinkunft ist ratifiziert worden. Die Auswechselung der Ratifikationsurkunden hat am 25. Februar 1908 stattgefunden.

III. Anhang.

12. Bestimmungen über die Führung der Eintragsrolle für Werke der Literatur, der Tonkunst und der bildenden Künste.

Vom 13. September 1901. (Zentralbl. 1901 S. 335.)

§ 1.

Für die im § 31 Abs. 2 des Gesetzes, betreffend das Urheberrecht an Werken der Literatur und der Tonkunst, vom 19. Juni 1901 (RGBl. S. 227) und im § 9 des Gesetzes, betreffend das Urheberrecht an Werken der bildenden Künste, vom 9. Januar 1876 (RGBl. S. 4) vorgesehenen Eintragungen des Namens des Urhebers wird eine gemeinsame Eintragsrolle bei dem Stadtrate zu Leipzig geführt.

§ 2.

Der Antrag auf eine Eintragung ist schriftlich oder zu Protokoll bei dem Stadtrate zu Leipzig zu stellen. In dem Antrag ist außer dem Namen des Urhebers und der Bezeichnung des Werkes anzugeben, wann und in welcher Form die erste Veröffentlichung des Werkes erfolgt ist.

Der Vorlegung des Werkes selbst bedarf es nicht.

§ 3.

Die Eintragsrolle wird als Fortsetzung der bisherigen Eintragsrolle A (Bestimmungen vom

29. Februar 1876, Zentralbl. für das Deutsche Reich S. 119) in zwei gleichlautenden Exemplaren nach dem anliegenden Formular 1 geführt. Das eine Exemplar wird unter sicherem Verschlusse gehalten, das zweite Exemplar zur öffentlichen Einsicht ausgelegt.

In der ersten Spalte der Eintragsrolle ist die laufende Nummer der Eintragung zu vermerken. Die erste Eintragung erfolgt unter der Nummer, welche auf die letzte laufende Nummer in der bisherigen Eintragsrolle Abteilung A folgt.

In der zweiten Spalte ist der Tag der Anmeldung einzutragen.

In der dritten Spalte sind einzutragen:

der angemeldete Name des Urhebers, das Werk unter Angabe des Titels oder einer sonstigen Bezeichnung, der Zeitpunkt der ersten Veröffentlichung des Werkes sowie die Form, in welcher diese erfolgt ist.

§ 4.

Die eingehenden Anträge sowie die erlassenen Verfügungen werden in einem Aktenstücke vereinigt.

Zu der Eintragsrolle wird das alphabetische Register (§ 4 der Instruktion vom 7. Dezember 1870, Zentralbl. für das deutsche Reich 1876 S. 120) in der bisherigen Weise fortgeführt.

§ 5.

Der zum Nachweise der Eintragung dienende Eintragsschein wird dem Antragsteller nur auf besonderes Verlangen erteilt. Er ist nach dem Formular 2 auszufertigen.

§ 6.

Die Ausfertigungen der Eintragsscheine und sonstiger auf die Eintragungen bezüglichen Verfügungen erhalten die Unterschrift:

Der Stadtrat zu Leipzig.

§ 7.

Die Erhebung der für jede Eintragung, für jeden Eintragsschein sowie für jeden sonstigen Auszug aus der Eintragsrolle zu entrichtenden Gebühr von 1.50 Mk. steht dem Stadtrate zu Leipzig zu.

Die Gebühren sind von dem Antragsteller im voraus zu zahlen.

§ 8.

Diese Bestimmungen treten mit dem 1. Januar 1902 in Wirksamkeit. Gleichzeitig treten die Instruktion über die Führung der Eintragsrolle vom 7. Dezember 1870 und die Bestimmungen über die Führung der Eintragsrolle für Werke der bildenden Künste vom 29. Februar 1876 (Zentralbl. für das Deutsche Reich 1876 S. 119, 120) außer Kraft.

Berlin, den 13. September 1901.

Der Reichskanzler.

In Vertretung: Nieberding.

Anlage 1.

Eintragsrolle.

Lfd. Nr.	Tag der Anmeldung	Gegenstand der Eintragung

Anlage 2.

Eintragsschein.

Es wird hierdurch amtlich bescheinigt, daß in der Eintragsrolle zu Leipzig Nr. folgende Eintragung bewirkt worden ist:

....

(Einzurücken der Wortlaut der Eintragung aus der dritten Spalte.)

Tag der Anmeldung:

Leipzig, den

(Unterschrift.)

13. Bestimmungen über die Zusammensetzung und den Geschäftsbetrieb der Sachverständigenkammern für Werke der Literatur und der Tonkunst.

Vom 13. September 1901. (Zentralbl. 1901 S. 337.)

Auf Grund des § 49 Abs. 3 des Gesetzes, betreffend das Urheberrecht an Werken der Literatur und der Tonkunst, vom 19. Juni 1901 (RGBl. S. 227) wird bestimmt:

§ 1.

Für Werke der Literatur und für Werke der Tonkunst werden gesonderte Sachverständigenkammern gebildet. In keinem Bundesstaate soll von solchen Kammern mehr als je eine bestehen.

§ 2.

Jede Kammer besteht aus sieben Mitgliedern und aus der erforderlichen Anzahl von Stellvertretern.

§ 3.

Die einer Kammer angehörenden Sachverständigen (Mitglieder und Stellvertreter) werden von der Landes-Zentralbehörde ernannt. Diese ernennt auch den Vorsitzenden und dessen Stellvertreter aus der Zahl der Mitglieder.

Die Sachverständigen werden gerichtlich beeidigt.

§ 4.

Auf Erfordern der Gerichte und der Staatsanwaltschaften haben die Kammern ein Gutachten nur abzugeben, wenn

1. in dem Ersuchungsschreiben die zu begutachtenden Fragen einzeln aufgeführt,
2. die Akten und die zu vergleichenden Gegenstände übersandt werden.

§ 5.

Der Vorsitzende der Kammer bestellt, sobald der Antrag auf Erstattung eines Gutachtens an ihn gelangt ist, nach seinem Ermessen einen oder zwei Berichterstatter. Diese legen dem Vorsitzenden eine schriftliche Bearbeitung der Sache vor. Die Beschlußfassung der Kammer erfolgt auf Grund mündlicher Beratung in einer von dem Vorsitzenden anzuberaumenden Sitzung nach Stimmenmehrheit; bei Stimmengleichheit gibt die Stimme des Vorsitzenden den Ausschlag.

§ 6.

An jedem Beschlusse müssen mindestens fünf Sachverständige mit Einschluß des Vorsitzenden Teil nehmen. Mehr als sieben Sachverständige dürfen an dem Beschlusse nicht Teil nehmen.

§ 7.

Die beschlossenen Gutachten werden ausgefertigt, von den Sachverständigen, die an dem Beschlusse Teil genommen haben, unterschrieben und mit dem Siegel der Kammer versehen.

§ 8.

Die Kammer ist befugt, Gebühren für das Gutachten im Betrage von dreißig bis dreihundert Mark zu erheben. Die Gebühren sind von der ersuchenden Behörde der Kammer sofort nach Eingang des Gutachtens kostenfrei zu übersenden.

§ 9.

Anträge, durch welche eine Kammer gemäß § 49 Abs. 2 des Gesetzes vom 19. Juni 1901 als Schiedsrichter angerufen wird, sind in beglaubigter Form einzureichen. Auf die Erledigung solcher Anträge finden die Vorschriften der §§ 4 bis 8 entsprechende Anwendung.

Berlin, den 13. September 1901.

Der Reichskanzler.

In Vertretung: Nieberding.

14. Bestimmungen über die Zusammensetzung und den Geschäftsbetrieb der Sachverständigenkammern für Werke der bildenden Künste und der Photographie.

Vom 10. Mai 1907. (Zentralbl. 1907 S. 214.)

Auf Grund des § 46 Abs. 3 des Gesetzes, betreffend das Urheberrecht an Werken der bildenden Künste und der Photographie, vom 9. Januar 1907 (RGBl. S. 7) wird bestimmt:

§ 1.

Für Werke der bildenden Künste (einschließlich der Erzeugnisse des Kunstgewerbes und der Bauwerke) sowie für Werke der Photographie werden gesonderte Sachverständigenkammern gebildet. Bis auf weiteres soll in keinem Bundesstaate von solchen Kammern mehr als je eine bestehen.

§ 2.

Jede Kammer besteht aus mindestens 7 Mitgliedern und aus der erforderlichen Anzahl von Stellvertretern.

§ 3.

Die einer Kammer angehörenden Sachverständigen (Mitglieder und Stellvertreter) werden von der Landes-Zentralbehörde ernannt. Diese ernennt auch den Vorsitzenden und dessen Stellvertreter aus der Zahl der Mitglieder.

Die Sachverständigen werden gerichtlich beeidigt.

§ 4.

Auf Erfordern der Gerichte und der Staatsanwaltschaften haben die Kammern ein Gutachten nur abzugeben, wenn

1. in dem Ersuchungsschreiben die zu begutachtenden Fragen einzeln aufgeführt,
2. die Akten und das zur Abgabe des Gutachtens erforderliche Material übersandt werden.

§ 5.

Der Vorsitzende der Kammer bestellt, sobald der Antrag auf Erstattung eines Gutachtens an ihn gelangt ist, nach seinem Ermessen einen oder zwei Berichterstatter. Diese legen dem Vorsitzenden eine schriftliche Bearbeitung der Sache vor. Die Beschlußfassung der Kammer erfolgt auf Grund mündlicher Beratung in einer von dem Vorsitzenden anzuberaumenden Sitzung nach Stimmenmehrheit; bei Stimmengleichheit gibt die Stimme des Vorsitzenden den Ausschlag.

§ 6.

An jedem Beschlusse müssen mindestens fünf Sachverständige mit Einschluß des Vorsitzenden teilnehmen. Mehr als sieben Sachverständige dürfen an dem Beschluße nicht teilnehmen. Darüber, welche Sachverständige im einzelnen Falle an der Beratung und Beschlußfassung teilnehmen, entscheidet der Vorsitzende, soweit nicht darüber von der Landes-Zentralbehörde allgemeine Vorschriften erlassen werden.

§ 7.

Die beschlossenen Gutachten werden ausgefertigt, von den Sachverständigen, die an dem Beschlusse teilgenommen haben, unterschrieben und mit dem Siegel der Kammer versehen.

§ 8.

Die Kammer ist befugt, für ihre Tätigkeit im Einzelfalle Gebühren im Betrage von dreißig bis dreihundert Mark zu erheben. Die Gebühren sind von der ersuchenden Behörde der Kammer sofort nach Erledigung des Ersuchens kostenfrei zu übersenden.

§ 9.

Anträge, durch welche eine Kammer gemäß § 46 Abs. 2 des Gesetzes vom 9. Januar 1907 als Schiedsrichter angerufen wird, sind in beglaubigter Form einzureichen. Auf die Erledigung solcher Anträge finden die Vorschriften der §§ 4 bis 8 entsprechende Anwendung.

Berlin, den 10. Mai 1907.

Der Reichskanzler.

In Vertretung: Graf von Posadowsky.

Sachregister.

Die Zahlen bedeuten die Paragraphen oder Artikel der Gesetze. Ausnahmsweise Hinweise auf Seiten sind kenntlich gemacht. Die Abkürzungen haben folgende Bedeutung:

U	=	Gesetz über das literarische Urheberrecht.
V	=	„ „ „ Verlagsrecht.
P		„ „ „ Urheberrecht an Werken der bildenden Künste und der Photographie.
B		Revidierte Berner Übereinkunft.
AG		Ausführungsgesetz zur Berner Übereinkunft.
AV	=	Ausführungsverordnung zur Berner Übereinkunft.
A		Abkommen mit den Vereinigten Staaten von Amerika.
Ö		„ „ „ Österreich-Ungarn.
F		„ „ „ Frankreich.
Be		„ „ „ Belgien.
I		„ „ „ Italien.

A.

C.

D.

E.

F.

G.

Kolibri 360 GmbH
Ferdinand-Jühlke-Straße 7
99095 Erfurt, Deutschland
produktsicherheit@kolibri360.de